整合式批判性思维教学模式的探索

——一项基于大学工科生通识教育的研究

Exploration of the Integrated Teaching Mode
for Critical Thinking:
A Study Based on General Education
for Engineering Undergraduates

黄振中　著

社会科学文献出版社
SOCIAL SCIENCES ACADEMIC PRESS (CHINA)

前　言

培养创新人才极具挑战，是时代赋予教育的重任。教育是传承的事业，绝不能因陋守旧、五丈灌韭。对于工程教育而言，培养创新型工程科技人才，更是当前建设创新型国家的重要保障。

独立思考、善于反思、勇于质疑等思维品质是创新的重要基础，并集中体现为批判性思维（Critical Thinking）。批判性思维源远流长，其价值已得到全球教育界的普遍认可。与此同时，培养批判性思维的教育实践也不断深入。就我国高等教育现状而言，如何面向大学生群体进行系统和有效的批判性思维培养，仍需要更多基于教学实践的深入探讨。本书聚焦高等教育课程与教学，主要以大学工科生为例，探索建构符合中国大学批判性思维教育实践的创新教学模式，并尝试通过实际教学验证其效果。

本书遵循教育设计研究方法的一般原则，提出了一种"整合式批判性思维教学模式"（Integrated Teaching Mode for Critical Thinking，ITCT），旨在将批判性思维培养整合到高校通识教育情境中。本书系统梳理了批判性思维的内涵流变和研究脉络，深入比较了批判性思维培养的不同培养方法，以学习理论的视角综合解析了批判性思维的教育目标和教学方法，以多元学习活动的模块式整合为基本原则，采用"学习活动链"的设计思路，综合运用对话、探究和情境化等核心方法，建构能整合课程既有框架的、能促进学生批判性思维发展的整体性学习情境，从而提升学生批判性思维能力。

　　本书在 ITCT 理论模型的基础上，以 T 大学一门通识教育核心读写课为案例，结合课程实际进行了具体的教学设计与实施。在教学过程中，将选课学生分为 3 组，依据 ITCT 提供不同程度的设计干预。综合定性和定量数据分析，研究者发现案例课学生经过一学期的学习，其综合批判性思维能力有所提升；ITCT 模式干预程度最高组学生能力的提升效果相对明显，整合式批判性思维教学模式总体上是有效的。在此基础上，本书分析了 ITCT 的关键有效环节和提升策略、学习者的能动性与主动性、教师的主导与支持作用等问题。

　　本书提出了整合式批判性思维教学模式并初步验证了其有效性，为高校基于现有课程条件而推进批判性思维培养提供了一种思路。本书建议中国高校加大对教师相关能力的培训，并大力营造鼓励思考、讨论和表达的校园学习氛围。

目　　录

第 1 章
绪　论

1.1　研究背景

1.1.1　加强创新人才培养是时代发展的召唤

人才培养是高等教育的最基本职能，培养什么样的人是教育永恒的核心议题。我国《高等教育法》（2018 年修订）规定"高等学校应当以培养人才为中心，开展教学、科学研究和社会服务"。长期以来，我国教育的根本目标是培养全面发展的人才，即"德智体美全面发展的社会主义建设者和接班人"。现今社会发展日新月异，新一轮的科技革命和产业革命，使得创新成为一流人才的必要且重要的素质。培养创新人才是近年来我国教育政策的重要导向。《国家中长期教育改革和发展规划纲要（2010-2020 年）》提出要"牢固确立人才培养在高校工作中的中心地位，着力培养信念执着、品德优良、知识丰富、本领过硬的高素质专门人才和拔尖创新人才"。中共中央办公厅、国务院办公厅于 2017 年印发施行《关于深化教育体制机制改革的意见》中明确指出"要注重培养支撑终身发展、适应时代要求的关键能力……培养创新能力，激发学生好奇心、想象力和创新思维，养成创新人格，鼓励学生勇于探索、大胆尝试、创新创造"。在全面建成小康社会，进而基本实现社会主义现代化的历史背景下，中共中央、国务院于 2019 年印布《中国教育现代化 2035》，继续强调"加强创新人才特别是拔尖创新人才的培养"。上述政策既是对高等教育人才培养目标的具体要求，也体现了我国教育的总体指导思想。

然而，长期以来我国学校教育并不擅长培养学生的创新能力。"李约瑟难题"曾引发人们的广泛讨论：为什么中国没有发生工业革命？数千年绵延不绝的中国文明为什么没有跟上近代科技与工业大发展的脚步？答案众说纷纭，甚至不乏对这个问题本身的质疑。与之相关的、著名的"钱学森之问"更直指教育的核心：为什么我们的学校总是培养不出杰出人才？同样也引发了热烈争论，为关心中国教育发展的各界人士所关注。

在工业化和信息化迅速发展的进程中，工程科学技术人才发挥了基础性的作用。为了加快建设创新型国家，大力提升工程科学技术人才的创新素质就显得尤为重要，这其中就包括作为储备人才的工科大学生。在我国高等教育体系中，工科大学生规模巨大（按学科门类，我国高等教育学生中工学学生占比约30%），他们的创新素质影响着工程科学技术的传承发展，影响着未来工业化和信息化的走向，也基本决定了我国今后的科技人才队伍的整体创新能力。当前，虽然从总量上看我国似乎并不缺乏科技人才，但创新人才不足的问题却一直备受关注。根据科技部发布的《中国科技人才发展报告（2014）》，2013 年我国科技人力资源总量达 7105 万人，其中作为科技活动核心要素的研发（R&D）人员连续高速增长，当年总数为 501.8 万人，按全时当量统计，其总量达353.3 万人/年，超过美国居世界第一位。[①] 就这庞大的人数来看，我国已成为第一科技人力资源大国，但科技人才总体上创新素质有待大力加强的问题一直没有得到很好的解决。人们尝试从不同的角度给出答案，却众说纷纭，莫衷一是。例如，有从国际比较的视角分析我国教育体系不利于创造性人才培养的因素（项贤明，2012），有从教育系统和体制机

---

① 人民网，http://scitech.people.com.cn/n/2015/0626/c1057-27213919.html，2015 年 6 月 26 日报道。

制的角度讨论并提出解决方案（傅国亮，2009；杨东平，2010；熊丙奇，2010；刘道玉，2015），有从文化、社会环境角度予以解析（方克立，2010；葛剑雄，2014），有从思维发展角度进行解读（龚放，2009），有指出我国教育的一个突出问题是过于偏重知识（钱颖一，2017），有试图着眼于具体的教育环节（如招生等）而探寻解决之道（郑泉水，2018）。与此同时，社会各界普遍认为"应试教育"过于强调对知识的重复记忆和机械练习，不利于创造性思维的养成。1999 年 6 月发布的《中共中央国务院关于深化教育改革，全面推进素质教育的决定》，标志着我国开始全面推进素质教育。虽然近年来部分学者和媒体指出了片面否定应试教育的弊端，呼吁理性认识其合理性，但是其阻碍学生个性和创造性发展的不足仍然值得社会各界保持警惕。扼要言之，无论从何种视角出发，社会已形成了一个普遍共识，即长期以来我国教育比较忽视培养学生的独立思考、反思质疑、好奇心等思维品质。

1.1.2　批判性思维是创新人才的重要基础

独立思考、善于反思、勇于质疑等思维品质是创新的重要基础。创造性不仅体现为智力因素上的创造性思维，还包含了非智力因素上的创造性人格。其中，创造性思维包括思维和想象两个重要因素，是分析思维和直觉思维的统一，也是发散性思维和辐合式思维的统一；创造性人格则包括了健康的情感、坚强的意志、创造的个性倾向、刚毅顽强的性格、良好的习惯等特征（林崇德，2013）。从创造性思维的具体因素、特征和思维倾向的特点来看，独立思考、善于反思、勇于质疑等思维品质集中体现为批判性思维，培养创新人才必然要求培养他们的批判性思维。

批判性思维体现了西方文化中历史悠久的理性主义传统，是当今人才的必备素养，其重要性已成为全球教育界的共识。1998 年联合国教科文组织（UNESCO）在法国巴黎召开"世界高等教育大会"，发布了《面向二十一世纪高等教育宣言：观念与行动》，其中第一条明确指出教育与培训的使命是培养学生的批判性和独立的态度。2015 年，联合国教科文组织在《教育 2030 行动框架》中继续指出，要确保每个人都能获得坚实的知识基础，发展出创造性、批判性的思维和协作能力，培养好奇心、勇气和毅力。美国将 21 世纪人们所需的核心技能（core skills）归纳为 4 个 C，即批判性思维（critical thinking）、创造性（creativity）、合作（collaboration）与沟通（communication）。西方国家逐步将批判性思维列为重要的教育目标，全球教育界对批判性思维的关注也日益提升，各国积极付诸行动，开展了多样的批判性思维教育教学实践。

我国要培养创新人才，要"激发学生好奇心、想象力和创新思维""鼓励学生勇于探索、大胆尝试、创新创造"，就必须重视培养学生的批判性思维。事实上，我国教育界也早已意识到了批判性思维的重要性。在基础教育领域，2016 年发布的《中国学生发展核心素养》就提出了类似要求。六大素养中的"科学精神"具体包含了理性思维、批判质疑、勇于探究等基本要点，其中批判质疑的重点是"具有问题意识；能独立思考、独立判断；思维缜密，能多角度、辩证地分析问题，做出选择和决定等"。在高等学校"双一流"建设的背景下，落实内涵式发展、提升教育质量，就要更加重视人才培养。一流人才要具有创新精神和创新能力，首先要能够反思和质疑。这需要怎样的课程、教学和课堂？一些高校对此进行了探索。例如，清华大学经济管理学院开设了专业必修课"批判性思维与道德推理"，深受学生欢迎；汕头大学将"批判性思维"作为全校必修课，并形成了较为完整且具特色的教学体系和"整合思维教育"的教学理念，推动了该校的本科教育改革。截至 2017 年，由教育部高等学校文化素质教育指导委员会发起成立的批判性思维和创新教育分会（筹），相继联合华中科技大学（2011 - 2013 年）、北京大学（2014 年）、汕头大学（2015 年）、清华大学（2016 年）、西南财经大学（2017 年）、青岛大学（2018 年）、北京外国语大学（2019 年）等高校在各地举办了九届年会。从这一会议历届的议题设置、参会人数和参会机构等情况来看，符合我国文化传统的批判性思维教学实践探索在逐步深入和扩大。

回溯中国思想史可以发现，反思精神和质疑问难并非为中国文化传统所拒斥，批判性思维与中国的文化传统也并非背道而驰。相反，我国文化传统中不乏批判、质疑等体现批判性思维主要特征的诉求。例如，"尽信《书》，则不如无《书》"（《孟子·尽心下》）；"君子博学而日参省乎己，则知明而行无过矣"（《荀子·劝学》）；"读书无疑者，须教有疑，有疑者，却要无疑，到这里方是长进"（朱熹）；"为学患无疑，疑则有进，小疑则小进，大疑则大进"（陆九渊）等。我国当代教育对于创新能力和批判性思维的培养，还需要审慎辨析文化传统中的有利因子，去粗取精，有所扬弃。

尽管国际教育界已普遍认同批判性思维的价值并开展了多年的探索与实践，但无论在我国还是在其他国家，批判性思维的培养效果仍然不尽如人意，大学中的批判性思维教育教学有待进一步加强。美国一项全国性调查显示，超过 90% 的教学人员认为批判性思维是本科教育最重要的目标（博克，2008）。2009 年，美国高等教育研究会组织的一项全美范围的调查显示，几乎所有的大学教师（接近 99%）都认为批判性思维是学生必须具备的重要能力；然而，调查样本显示学生的批判性思维从大一入学到二年级期末只提高了 0.18 个标准差，接近一半（45%）的学生在批判性思维方面没有增长（Green，2015）。目前对中国大学生少有类似的大规模专题调查。根据《纽约时报》网站 2016 年 7 月的报道，斯坦福大学的一项研究显示，相比大一新生，中国大学三年级学生的批判性思维能力几乎没有任何提高。[①] 对于批判性思维教育教学效果有限的状况，学者们从不同角度尝试解答。其一，思维发展本身具有长期性和缓慢性等特征，需要长期的教育干预（Halpern，2001）；其二，很多教学实践中容易忽视批判性思维内涵中的个性倾向成分和品格成分，而个性倾向等方面也需要长时间培养（Delibovi，2015）；其三，实

①　参见 http：//www.nytimes.com/2016/07/31/world/asia/china-college-education-quality.html？_r=0。

际教学中应关注学生学习，尤其是要重视批判性思维养成的社会学习特征（布鲁克菲尔德，2017：51-55）。学界和教育界都在积极探讨改进和调整学校教育中批判性思维培养的具体方式和方法。

综上所述，要培养创新人才，就必须重视批判性思维的培养。我国高校中的批判性思维教育还处于初步探索阶段，虽借鉴了西方国家长期以来的相关经验，但在我国大学自身传统与现实情境下，培养怎样的批判性思维、采取何种适宜的方式等问题还需要进一步地深入讨论。本书将聚焦大学课程与教学，以工科生为例，力图探索建构一种适合中国高等教育的批判性思维教学模式，并详细说明其操作原则和程序，验证分析其效果。

1.2 核心概念

1.2.1 批判性思维的界定

我们可以从词典释义、历史源流和学术定义等角度，理解英文和中文语境下批判性思维的含义，由此，提出本书关于批判性思维的工作定义。

批判性思维，英文为 Critical Thinking。根据《朗文当代英语辞典》的解释，Critical 包含 5 个主要义项：（1）做出严厉的判断/批评（making severe judgments）；（2）重要的（important）；（3）危险或不确定的（dangerous/uncertain）；（4）做出公正的判断（making fair judgments）；（5）对于艺术品/电影/书的文艺批评（art/film/books etc produced by or resulted from the work of critics）。其中，第四条释义可以解释 Critical Thinking 的含义，即对于事物的好与坏提供审慎而公正的判断（providing careful and fair judgement for the good and the bad of things）。从辞典释义可以看出，Critical Thinking 是一种以评估和做出判断为目的的思维。

学者也从词源的角度对 Critical Thinking 进行了分析，其含义和辞典释义基本一致。critical 的词根为 critic，一般认为源自希腊语的

kritikos（判断或辨明的能力）和 kriterion（标准）。有学者认为，kritikos 源自 krinein，指的是做出决定、进行决策。还有学者认为，这几个希腊语词汇的词根是 krino，对应英文的 to cut，意为分开、分离、区别等（武宏志等，2015：2-5；刘义，2014：7）。由此可见，就词源而言，critical 含有判断好坏之意，即对好与坏进行区分以及基于标准的辨识能力等意思。

我国学术界一般使用"批判性思维"这一中文译法，但也有学者使用评判性思维、审辩式思维、明辨性思维/思考、分辨性思维、辨识性思考、明审性思考、慎思明辨、思辨能力等译法（谢小庆，2016）。基于词义内涵、使用范围和社会认知度（武宏志等，2015：11-15），本书采用"批判性思维"这一译法。

据欧美学者的研究，批判性思维的起源可追溯至古希腊苏格拉底的教学实践（Paul et al., 1997）。学者普遍认为"苏格拉底问答法"奠定了后世批判性思维及相关教学策略的基础。在苏格拉底看来，知识的来源不是权威，而是通过向人们不断提问，使他们能意识到自己已有看法中的矛盾、含混不清和证据缺失等问题，从而经过寻求证据、检查逻辑、澄清前提和厘清概念等过程以获得真知。培根的"四假象说"指出了错误信念和知识产生的原因，分析了批判性思维的任务。笛卡尔提出的普遍怀疑论，一方面直接批判中世纪的经院哲学，另一方面怀疑现有的一切认识和观念。康德指出"我之所谓批判非指批判书籍及体系而言，乃指就理性离一切经验所努力寻求之一切知识，以批判普泛所谓理性之能力而言"（康德，2018：5），其批判对象包括认识本身和批判者自身。黑格尔进一步认识到思维过程中反思的重要性与复杂性，把辩证法上升为思维的普遍规律（罗清旭，2002；刘义，2014）。综上可见，批判性思维内涵深深植根于西方历史和文化传统之中，具有深远的历史渊源。各个时期的学者虽然没有明确地提出"批判性思维"这一术语和系统学说，但相关论述都指向了当代批判性思维理论的不同面向。

现代的学者尝试从不同视角定义批判性思维。现代意义的"批判性思维"概念可追溯至杜威的"反省思维",即他所认为的能动、持续和细致地思考任何信念或被假定的知识形式,进而洞悉其支持性的理由和指向的结论(杜威,2012)。格拉泽较早时专门研究了批判性思维,涉及批判性思维的界定、课程实施和评估程序等议题(Glaser,1941)。恩尼斯提出的定义被广泛接受,他认为批判性思维是为了决定信什么或做什么而进行的合理的与反省的思维。具体而言,批判性思维观念包括倾向和能力两种成分,主要特征包括:(1)聚焦于信念和行动;(2)依据人们日常生活中实际做或者应该做的事情;(3)评估结果的标准(Ennis,1985,1991)。与之类似,保罗等人认为批判性思维是一种严谨的、理性的和自我指导的智力过程,是积极地、熟练地对支配信念和行为的信息及其产生过程(包括观察、经验、反省、推理或交流沟通等)等进行解释、运用、分析、综合和评估。使用恰当的评估标准,在理由充分的基础上形成明确的判断,以确定某物的真实价值和优点。简言之,批判性思维就是通过一定的标准评价思维和改进思维,是一种"完美思维"。此外,保罗对批判性思维专门进行了"强""弱"意义上的区分(Paul,1989;Paul and Elder,1999)。20世纪80年代末,美国哲学学会开展了一项为期两年的批判性思维研究计划,在汇集相关领域众多专家意见的基础上,发布了《德尔菲报告》,提出了一个时至今日仍被认为具有普遍代表性的定义。该报告将批判性思维定义为有目的的、自我校准的判断,这种思维过程表现为解释、分析、评价、推断,以及对判断赖以存在的论据、概念、方法、标准或语境的说明;该定义对批判性思维做了"倾向"和"技能"两维度的区分(Facione,1990)。

还有一些影响较大的定义也有类似表达。李普曼将批判性思维定义为"有助于形成良好判断的、娴熟的和合理的思维,它依赖于规范、能够自我矫正、注意语境"。加拿大学者约翰逊的定义为:基于适当的标准或规范判断信念、理论、假设或论证等智力产品(Johnson and Blair,2006)。摩尔等人(Moore et al.,2008)认为,有一种思维,它让我们形成意见、做出判断、做出决定、形成结论；同时还有另一种思维——批判性思维，它批判前一种思维，让其在思考过程中接受理性评估。在胡森主编的《教育大百科全书·教育哲学卷》中，贝林以"批判性思维：哲学的议题（Critical Thinking：Philosophical Issues）"为词条名，对批判性思维的主要定义和理论进行了梳理，亦将批判性思维的知识渊源追溯至杜威等教育哲学家，列举了格拉泽、恩尼斯、保罗等学者给出的定义，并归纳了其共识：（1）都把批判性思维与理性紧密地联系在一起，并把它作为对良好推理的诉求，主要关注什么能使思维有效、合适且合理；（2）都加入了"意向/倾向"的维度（胡森等，2006）。

我国学者对于批判性思维的界定虽然很多，但其最核心的要素与欧美学者的观点具有一致性。其中，心理学视角下的界定以朱智贤和林崇德（2002）的提法为代表，他们认为批判性思维是问题解决和创造性思维的组成部分，是思维活动中善于严格估计思维材料和精细地检查思维过程的智力品质。哲学/逻辑学背景下的观点多见于相关教材中，具有很大的相似性，例如谷振诣、刘壮虎（2006）认为，批判性思维是"面对相信什么或做什么而能做出合理决定的思维能力……从本质上就是提出恰当的问题和做出合理论证的能力"，这一定义和恩尼斯的观点基本一致。

学界对于批判性思维内涵的各种定义林林总总，学者基本认可理解批判性思维内涵的多元视角，同时普遍认同批判性思维繁多定义中含有一些共通的基础要素。本书将这些要素进行了归纳：第一，大部分学者将批判性思维定位为思维过程或智力品质，它包括一系列具体的思维活动。第二，批判性思维以质疑和反思/反省为基础。第三，批判性思维有目的性，最根本的是对思维自身进行判断或者说分辨"好"与"坏"，在此基础上还可以包括形成理由充分的判断、问题解决等。第四，批判性思维的首要对象是思维本身以及外化的各类"智力产品"和作为思维结果的行为（包括自己和他人），由此批判性思维的过程必然包括自我调节，并且与元认知密切相关。第五，这种判断是有标准的，普遍认为这一标准就是逻辑的规则，包括对支撑材料的真实性和推理过程的正确性等的要求。批判性思维最基础的两个成分是技能和倾向，对于逻辑准则的运用和对逻辑推理的掌握构成了批判性思维的技能维度，除此之外，运用这一技能的意愿以及相应的个性或品格特征构成了批判性思维的倾向维度。

上文对不同定义的共识进行了简要梳理，实践中对批判性思维的理解则具有情境性且更为多元。对于教育实践来说，重要的是教育者在教育教学过程中达成关于批判性思维的共识。本书基于上述诸种定义并提取其中的主要共识，为批判性思维做出工作定义：个体的批判性思维是以"有理有据"为基本原则，对论证、信念或行动加以评估的思维品质，由相应的能力（技能）和倾向（意愿）两个基本成分组成；其中，"有理"主要是指符合逻辑的标准，"有据"指的是证据支撑。这一工作定义经由学者初步提出后，在研究实践中寻求相关参与者的共识再予以修改而成。本书将详细阐释这一工作定义的具体内涵与应用过程。

1.2.2　培养大学生批判性思维的必要性

本书聚焦大学通识教育情境下的课程与教学，探讨批判性思维的培养问题。本书首先将研究范围确定为大学阶段，其次在大学育人的诸多环节中，主要关注面向大学工科生的通识课程及其教学。

根据发展心理学相关理论，青少年时期是批判性思维形成的关键时期，主要对应到个体的中学和大学等阶段。前文所述诸种观点静态地凸显了批判性思维内涵的多维面向。那么动态地看，个体批判性思维又是如何发展的呢？本书关注如何更好地培养个体的批判性思维，有必要探讨批判性思维发展的基础，即批判性思维是否伴随个体成长而自然发展。从认知发展的过程来看，个体思维要发展到一定成熟度才有可能真正形成完善的批判性思维。

按照皮亚杰的认知发展阶段理论，儿童的认知发展要经历四个阶段，并以形式运算为最高阶段。在此阶段，个体能够设定和检验假设，对自己的思维活动进行监控和内省，同时个体思维具有抽象性，逻辑思维的完善标志着个体认知发展的成熟。但是，后来有很多学者都指出，形式运算不能代表思维发展的终结。随着生活经验的不断增加，成年人对事物矛盾性和相对性的认识逐渐变深，但皮亚杰的阶段理论并未涉及这种变化特点。菲夫将个体在形式运算阶段之后的发展称为"后形式思维"（postformal thinking）（Labouve-Vief，1990）。他认为，社会的复杂性要求思维不能仅基于纯粹的逻辑，还要根据实际经验、道德和价值判断，对情境中的各个方面进行权衡；在真实世界中，事件背后的原因十分微妙，不是非黑即白。从反省判断出发研究成年人思维的发展成为克服皮亚杰认知发展不足的重要方面（罗清旭，2002：31）。很多学者指出，成熟思维除了具有形式运算的特点外，还应具有思辨性。随着生理心理的成熟，个体会逐渐意识到现实生活中的很多问题并非只有一种答案。人们面对问题往往会先提出一个论点，之后自己或者他人总会提出一个对立论点，再往后就有综合论点对之前相反甚至矛盾的论点进行整合（斯滕伯格、威廉姆斯，2012）。简言之，个体在成年初期的思维方式以辩证逻辑思维为主，即在形式运算之外还存在一个"辩证思维"（dialectical thinking）的阶段。还有一些研究者将认知发展的第五个阶段称为"问题发现"（problem finding）（Arlin，1975，1990）。在这个阶段中，个体除了能够解决已有的问题外，还能发现有待解决的问题。这一能力被视为科学推理中最基础、最重要的能力。

上述观点指出个体的思维发展在形式运算阶段之后，特别是进入成年期之后具有相对性、思辨性和问题发现性等特征。佩里（William G. Perry Jr.）的相对性思维理论和基钦纳（K. S. Kitchener）与金（P. M. King）提出的反思判断理论进一步细致刻画了"后形式思维"的发展进程。佩里指出，个体思维在成年阶段会经历从二元性向相对主义思维转变，以及在相对主义思维中形成承诺的三个阶段。这三个阶段进一步可以划分为九个层次，这一进程伴随着个体对既往思想的反思和否定（Evans et al.，2010）。基钦纳和金认为，个体在不同年龄阶段对事物进行判断时采用的假设和相应的概念体系具有不同特征，包括"前反省""准反省""反省"三个时期和七个具体阶段（Kitchener & King，1981）。

简言之，根据批判性思维的定义和认知发展相关理论可知，批判性思维具有反思性和相对性等特征；从个体思维发展来看，这些特征要在青年时期或成年早期（对应在教育中即为高中和大学阶段）才更有可能真正形成，而且不会随着个体成长而自然提高。在此基础上，本书进一步将研究范围缩小为高等教育阶段。

1.2.3　工科通识教育与批判性思维的培养

大学育人环节是多渠道的，既包括正规的课堂教学这一直接的、正式的途径，也包括课外的师生交流、学生活动乃至校园环境等因素潜移默化的影响。例如，清华大学就提出要立足教室、校园、国内、国际、网络和成长社区等"六类课堂"来促进学生成长，体现了大学培养渠道的多元性。虽然大学的教育空间和边界在不断延展，但教室仍然是最显性和最直接的空间，课程和教学仍然是最主要的培养渠道。传统的批判性思维培养主要包括专门课程与结合学科课程这两大类途径，在形式上表现为冠以批判性思维名称的独立课程、有批判性思维培养诉求的通识课程或专业课程。当前，关于大学工科生批判性思维培养的系统研究与实践尚不多见。针对大学工科生的专业课和语言类课程的课堂教学，有学者和教师提出了问题式教学法（田社平等，2018）、课堂辩论法（Hamouda and Tarlochan，2015）、拼字游戏（Kobzeva，2015）、艺术—叙述式思维与逻辑—科学式思维混合教学法（Caratozzolo et al.，2019）等，取得了一些积极成果。与此同时，应当重视工科通识教育中的批判性思维培养。通识教育在工科生的培养方案中占有相当大的比重，旨在培养学生的共通能力与素质。有研究以中美9所顶尖大学的机械工程专业为例，比较培养方案后发现，其中7所大学要求的通识教育学分占总学分比例相近，均为 44% 左右（何海程，2018）。由此，本研究主要讨论在通识课程中如何进行批判性思维培养。

一方面，培养批判性思维是通识教育应有之义。批判性思维和通识教育的目标具有内在一致性，在实践上也具有密切的历史联系，通识教育是大学生批判性思维培养的重要途径。首先，就性质、理念和目标而言，批判性思维和通识教育的诉求具有很高的一致性。通识教育是所有大学生都应接受的非专业教育；就目的而言，通识教育旨在培养积极参与社会生活的、有社会责任感的、全面发展的公民；就内容而言，通识教育是一种广泛的、非专业性的和非功利性的基本知识、技能与态度的教育（李曼丽，1999）。20 世纪以来，自由主义、进步主义、要素主义和永恒主义等思潮对高等教育的发展产生了重要影响（潘懋元，2008），它们在不同程度上都主张大学通过通识教育来达成其教育宗旨，其对理性传统的继承也体现在通识教育课程的目标和内容上。与此相应，批判性思维对于这些高等教育理念都有所回应，回应了 20 世纪以来世界高等教育发展的潮流。自由主义教育思想源远流长，在 20 世纪也影响深远，而自由主义教育思想家在教育目的上大多主张发展人的"理性"。进步主义/实用主义思潮盛行于 20 世纪上半叶的美国，其主要代表人物杜威被广泛认为是现代批判性思维研究的源头，特别是他主张把科学应用于教学时应当注意避免远离经验的自上而下的灌输错误观念。这对于批判性思维培养来说有很大价值。要素主义既珍视系统知识和学科教育的价值，也倡导通识教育，其代表人物柯南特（James Bryant Conant）认为，通识教育的目的在于"扩大理解力，发展对事实的尊重，增强合乎情理地思考和行动的能力……创造一种有学识的、好探问的、善于判断的心理习惯"（柯南特，1988），哈佛大学"红皮书"报告也强调教育的目的是培养具有"理解力""自我检讨""有效思考""适切判断"特征的"自由人"。如赫钦斯（Robert Maynard Hutchins）认为，永恒主义强调教育以促进人的发展为目的，归根到底是培养人的智慧和理性；同时他还倡导通识教育，以"永恒学科"为达成教育目标的唯一途径，以培养人的习惯和思考能力，帮助学生"掌握鉴赏和批评的标准……（成年后）对于当代生活中的思想和运动能明智地进行思考和行动"（任钟印，1994）。这些不同流派的高等教育思想在不同程度上传承着西方的理性主义传统，主张培养人的理性是大学教育的主要目的，并以通识教育为主要方式。批判性思维植根于西方理性传统，体现了高等教育理念的共识，与通识教育目标不谋而合。

从实践上看，通识教育发展的历史表明，培养学生的思维素养一直是其重要目标。当前美国院校层面的通识教育实践也反映了思维能力在通识教育中日益重要的地位。2007 年，哈佛大学发布《通识教育改革方案》（*Report of the Task Force on General Education*），提出了以"通识教育计划"（General Education Program）替换之前的"核心课程"（Core Curriculum）（李曼丽，2018）。目前，哈佛大学"通识教育计划"包括审美性与诠释性理解、文化与信仰、实证与数理性推理、伦理推理、有关生命系统的科学、有关物质世界的科学、世界上的不同社会、世界中的美国八个领域，学生必须在其中各选一门课程学习。从领域设置到具体对不同领域目标和内涵的说明，都凸显了思维的重要性。该计划包含的课程都高度重视基础性原理、方法和应用性的现实问题之间的结合，注重发展学生运用抽象概念和基本原理来解决整体问题的能力（张会杰、张树永，2013）。斯坦福大学于 2013 年秋季学期实施了新的通识教育方案，包括思维与行为方法、有效思考、写作与修辞、语言四类必修课，重点在于培养学生进行深度阅读、熟练写作、有效交流和批判性思维的能力，使之能够建立不同学科领域之间的联系，在未来能够理智地工作与生活。这一方案体现了从学科到能力的转变，注重培养学生的思维能力（刘学东、汪霞，2015）。哈佛与斯坦福大学近期的通识教育改革体现了国外研究型大学在学生培养目标上对思维能力的重视。美国大学通识教育对于思维能力的目标，或使用"推理"等表述，或直接使用"批判性思维"指代，或在具体说明中突出"批判地"（critically）等类似描述。总之，在这些高等教育实践中，批判性思维和通识教育紧密相连。

　　另一方面，从批判性思维培养出发有助于增进通识课程的挑战度，提升通识教育质量。自 20 世纪 90 年代中期以来，我国高校的通识教育以"淡化专业、加强基础"为起点，由政府主导开始转变为高校更多地自主探索的本土化进程，参与主体由研究型大学扩展到更多类型的大学，并呈现出以第一课堂为主要载体、第二和第三课堂为辅的实现形式，表明通识教育走向深入（王洪才、解德渤，2015）。已有针对通识课程设计和教学的研究发现，当前通识课程的一个普遍不足是课程的互动性和挑战度都还有待提高，对学生思维培养和全面素质提高的强调不足，缺乏挑战度。一些针对我国研究型大学通识课程的调查研究发现，对于课程挑战度和课堂参与程度越高的课程，学生的满意度越高，课程效果也越好（周建新等，2015；施林森，2016；陆云、吕林海，2015；赵静，2015；梁林梅，2015；焦炜，2012）。

　　面对当前通识教育改革的困境，检视问题的原因，学者们对于探索我国高校通识教育如何走出困境提出了不同的建议。有研究者指出，必须追问和坚守通识教育的核心要旨与精神价值，遵循通识教育的基本规律，以"整体性"路径超越其"单向度"困境，塑造和培养人的公共性、思维洞察力和内在德性（薛桂波、闵永军，2016）。有研究者提出，要从根本上提高通识教育的地位，还需要更深层次地组织制度变革（庞海芍，2010）。有更多研究者认同当前我国高校的通识教育改革应当走本土化发展之路，如发展"知行合一"的本土化教育理念下的通识教育（唐帼丽，2016）；创建中国大学的通识教育，创造性地回应育人目标、制度模式、教育内容、教育形式和效果评价等挑战（陆一，2016）；进一步明确改革的指导思想和理念以及通识教育的培养目标，在本土指导思想和培养目标的基础上建构具有中国特色的课程体系等（张亮，2014）；在通识教育实施的制度设计上，从简单有效的移植模仿转向本土建构，以促进大学通识教育从普及走向深化（孟卫青、黄崴，2013）。然而，无论怎样的解决思路，通识教育的根本仍然是课程教学，即通识教育质量最终要依靠于课程教学效果的提升来加以保证。

批判性思维是高阶认知的重要体现，其和通识教育在历史与理论上关系紧密，是高等教育和通识教育培养目标的内在要求。从通识教育理念来看，高阶认知是通识教育的重要诉求，高质量的通识课程应具备高的思维挑战度。由此可见，批判性思维可以作为提升通识课程质量的有力抓手。

1.3　研究问题与研究设计

1.3.1　研究问题

课程与教学是通识教育的主要途径，也是提升大学生批判性思维的重要渠道之一。本书着眼于大学的课程与教学，希望基于既有的理论和方法，探索建构一种适合中国大学现实需求的批判性思维教学模式，并通过实践验证其效果。具体地说，本书关注的是除了开设专门的批判性思维课程外，高校能否在已有的通识课程中或学科专业课程中更系统地进行批判性思维培养。本书将进一步聚焦如何在高校的通识课程中整合批判性思维的学习活动，以促进学生批判性思维的提升。

1.3.2　教育设计研究概要

基于上述研究问题的特点，本书采用"基于设计的研究"（design-based research，DBR）方法，在教育研究领域中也常被称为"教育设计研究"。① 一方面，本书所提出的问题既有理论诉求，也有实践目标。教育设计研究具有双重目的，不仅致力于开发或验证与学习过程、环境

---

① 既有文献采用了略有不同的术语称呼这一方法，虽然不同名称下的具体内涵可能略有差异，但其所指称的对象几乎是一样的。在英文文献中，与 DBR 类似的称谓还有设计实验（design experiments）、设计研究（design research 或 design study）等，在教育研究领域中则称为教育设计研究（educational design research）。学者杨南昌（2010）和祝智庭（2008）从简洁方便的角度提倡使用"设计研究"，但单迎杰和傅钢善（2017）分析认为，汉语场景中"设计研究"使用非常广泛，并不具备成为一个含义精确的专有名词的客观条件。下文主要采用缩写 DBR，或"教育设计研究"的提法。

等学习问题相关的理论，而且可以为解决教育实践中的复杂问题提供基于研究的干预方案（王其云等，2016）。另一方面，本书认为有必要从学习的视角探讨批判性思维培养的理论和方法，这恰恰体现了 DBR 的宗旨。

自 20 世纪 90 年代以来，伴随着学习科学的产生和不断发展，该领域的研究者逐步发展出了 DBR 这一新的教育研究方法。DBR 最早是由学习科学的创始人艾伦·柯林斯（Collins，1992）和安·布朗（Brown，1992）在 20 世纪 90 年代初以"设计实验"的说法提出的（康弗里，2010），其重要动因在于当时部分认知心理学家希望突破传统心理学实验的局限。他们认为心理学实验研究的经典方法忽略了情境因素，对研究发生在真实世界的学习问题有所限制。其后陆续出现了一些基于 DBR 的应用探索。在进入 21 世纪后，随着关注学习科学研究方法的学者越来越多，使用 DBR 的研究也日益增多，讨论的学段从中小学向大学迈进，研究主题不断拓展。与此同时，我国学界对 DBR 的关注也逐渐增多。总体来看，近些年来 DBR 已成为学习科学研究共同体中广泛关注和认可的方法。

就 DBR 的基本含义而言，学者们给出了许多不同的定义，而对内含的诠释又有诸多相似之处。柯布等人指出"设计研究是建立特定的学习方式并在支撑它们的情境中系统地研究这些学习方式……这种设定的情境需要在实践中进行测试和修正……而连续的迭代就相当于实验中的系统变量"（Cobb et al.，2003）。巴拉布等认为，"DBR 与其说是一种方法，不如说是一系列方法，旨在产生一些新理论，设计一些人工制品和实践，以潜在地影响自然情境之中的学与教并对此做出解释"（Barab and Squire，2004）。王等人指出 DBR 诸种"变体"的基本目标和途径是相似的，在比较不同定义的基础上提出"设计研究是一种系统的、弹性的方法论，旨在通过迭代的分析、设计、开发和实施，并基于现实场景中研究者和参与者的合作，以促进教育实践以及境脉敏感（contextually-sensitive）的设计原则和理论"（Wang and Hannafin，2005）。

杨南昌认为"设计研究是一种探究学习的方法论，旨在设计一些人工制品应用于教学实践，以潜在影响自然情境中的学与教并对其做出阐释。通过设计、实施、评价、再设计的迭代过程形成证据理论，并以此促进持续教育革新"，强调应指出设计研究的方法论特性（杨南昌，2010：53）。综上可以看出，学者们对于"DBR 是什么"的具体内含并没有明显分歧，都同意其目标的多重性、迭代性、情境性等主要特征，但是大家对于 DBR 的定位还存在较大争议，有"方法"说、"方法论"说、"范式"说和模糊态度等不同的看法（王文静，2010）。本书主要在"方法论"的层面上理解和应用 DBR，以理论发展和实践推动为诉求，遵循 DBR 的一般原则、程序和标准展开研究。

我们还可以通过与其他研究方法的比较来进一步理解 DBR 的特点。学者们通常借用美国著名经济学家、认知心理学家西蒙（Herbert A. Simon）提出的"设计科学"的概念来描述 DBR 的核心特征。在学习科学者眼中，研究学习既不应脱离实践，只在实验室中进行所谓的纯研究，也不能是检验性的经验研究甚至是缺乏科学论证基础的经验总结。将 DBR 与心理学实验研究进行对比是理解该方法的一个重要途径，表 1.1 的具体比较体现了这一点。有学者明确指出，学习科学是在"巴斯德象限"（Pasteur's Quadrant）[①] 中的设计科学、整合科学、社会认知科学、描述性科学和实验科学（Kolodner，2004）。正如柯布（Cobb，2003）所指出的，设计实验的最大特点是承担了两个任务，即"设计"特定的学习方式和在情境中对这些学习方式进行系统研究。

表 1.1　DBR 与心理学实验研究的比较

序号	条目	DBR	心理学实验研究
1	研究地点	真实世界的学习环境	实验室（被控制的情景）
2	变量复杂性	众多不同类型的因变量	少数几个因变量

[①] 学者将 DBR 视为符合斯托克所谓"巴斯德象限"特征的一类研究，不同于"波尔象限"隐喻的纯基础研究和"爱迪生象限"隐喻的只关注实践应用目标的研究，DBR 属于应用激发的基础研究。

续表

序号	条目	DBR	心理学实验研究
3	变量处理	并非所有的变量都预先确定好，一些变量在研究进展中才浮现出来	一开始就确定少数几个变量，并且在研究进展中持续不变
4	研究进程	程序灵活并随研究进展变化	固定的研究程序
5	社会交互	各种合作共享等复杂的社会交互	个体间是分隔的
6	结果报告	描述设计实践	报告研究假设是否得到支持
7	参与者角色	研究者和参与者是主动的，并对研究设计产生影响	实验者不应当影响被试，被试也不应当影响研究设计
8	研究目的	产生影响并解释机制（实践和理论的双重诉求）	验证理论（研究某个/些因素的作用）
9	研究思路	实践中反馈迭代，对设计进行修正	假设检验，实验组与对照组比较
10	结果推论	追求设计在不同情境间的迁移性	结论一般具有可推广性

说明：表格在巴拉布（Barab，2014）的基础上进行了修改，其中第 1~8 条为直接翻译原表格内容，括号内文字和第 9~10 条为本书所加。

行动研究也是具有情境取向和实践取向的研究方法，在这个意义上和 DBR 有一定的相似性。表 1.2 总结了两者的主要不同之处。研究者在行动研究中的研究行为具有探索和行动的双重意蕴，即研究发现行为产生于实践并运用于社会实践，进而促进社会实践的改善，提升参与者的行动能力。行动研究在教育领域尤其是教师教育领域中的应用非常普遍，一般指在自然真实的教育环境中，教师等教育实践者以解决实际的教育问题为基本目标，综合运用多种研究手段对教学或学习实践进行探究和反思（王文静，2010；杨南昌，2010）。从表面上看，DBR 与行动研究确实有很多类似之处，但正如斯托克和约翰（Stoker and John，2009）所言，二者只是"在不重要的方面相似"，在研究目的、认识论基础、方法的严格性等重要问题上却存在着本质的不同。更重要的是，DBR 具有理论生成或发展的诉求与潜力，而行动研究只是着眼于解决现实问题。

表 1.2　DBR 与行动研究的比较

序号	条目	DBR	行动研究
1	基于理论	必须	非必须
2	研究合作	必须	必须
3	迭代	必须	必须
4	测量精准性	必须	非必须
5	对实践的反思	辅助的（更多基于证据的评价）	必须
6	认识论	设计的（实证主义+阐释主义）	反实证主义
7	产出人工制品	必须	非必须
8	产出设计原则	必须	非必须
9	解决实践问题	必须	必须

说明：表格在约翰和斯托克的基础上进行了修改（转引自杨南昌，2010）。

从认识论上看，"设计"的过程与"发现"的逻辑不同，除了让研究者了解世界是什么样的，还包括如何有效地改变世界，并对干预的影响进行系统检验。DBR 除了"设计"这种认识论或者可以说干预主义外，还具有多元基础，这与"混合研究"类似。混合研究在认识论上的多元性，特别是实用主义特征，与 DBR 具有相似性。另外，混合研究在具体方法和数据处理上是定量与定性数据的混合，对 DBR 的数据处理具有参考价值。

设计研究还处在发展中，虽然有部分学者对方法的价值、信效度等存有颇多争议，但也指出这项工作最根本的作用在于其创造了教学理论的潜力，能够尽可能地解决教育中存在的弊端（康弗里，2010）。

1.3.3　本书研究的技术路线

就教育设计研究的操作程序而言，研究者们提出了多种框架（杨南昌，2010；Collins et al.，2004；巴拉布，2010），不同模式的基本结合和原则有很多相似之处。麦克肯尼和里弗斯（McKenney and Reeves，2012）结合教学设计和课程开发的核心理念，综合已有的教育设计研究框架，提出了一个基于设计的教育研究的通用模型，被研究者广泛参考。这一模型用图示形象化地展示了教育设计研究中四个主要方面及其关系，其中核心操作环节包括分析/探索（analysis/exploration）、设计/建构（design/instruction）、评价/反思（evaluation/reflection），各环节相互联系紧密，某一环节的产出既为下一环节奠定基础，且反过来也有助于上一环节的内部再循环，从而在整体上构成了反复迭代、不断推进的研究进程。贯穿研究始终的是实施/扩展（implementation/spread），体现了教育设计研究一开始就要紧密结合实际并逐渐扩展的特征。从结果来看，整个研究最终指向实践和理论的双重目标，不只是对被试学习结果的简单汇报，还包括关于研究进程的观察评价和研究结果的详细描述与总结。简言之，该模型充分体现了 DBR 的主要内含，即以自然情境中的学习活动为研究对象，研究不仅需要对学习活动进行设计，还要在进程中系统地改变相关活动，在促进理论发展的同时对实践产生影响。

由此，本书以该模型为指导性操作框架，选择 T 大学的一门以工科生为主的通识课程作为研究案例和具体情境，在理论模型设计的基础上开展探索实践并加以验证，将麦克肯尼和里弗斯（McKenney and Reeves，2012）提出的流程框架展开，即本书的技术路线（见图 1.1）。

本书的起始环节为分析/探索。"分析"的主要目标是定义问题，在情境分析、需求评估和文献综述过程中，明确问题的缘由并不断修正和澄清初始问题；"探索"的主要目标是发现他人如何解决类似问题并向其学习，二者一般是同步推进。该环节最主要的产出是研究问题和远期目标，明确部分的设计需求和初始设计定位，是之后各环节的基础。这一环节主要包括文献综述和对案例课程既有情况的梳理，其中文献综述集中于本书第 2 章。在梳理国内外批判性思维研究进展的基础上，重点评述了大学生批判性思维培养的主要理论和方法，在这一过程中总结他人的问题解决方案，并不断澄清具体的研究问题。

界定了研究问题和需求之后，设计环节关注的是形成一系列潜在问题的解决方案，如可能的设计框架或对可能设计的细节描述。建构环节

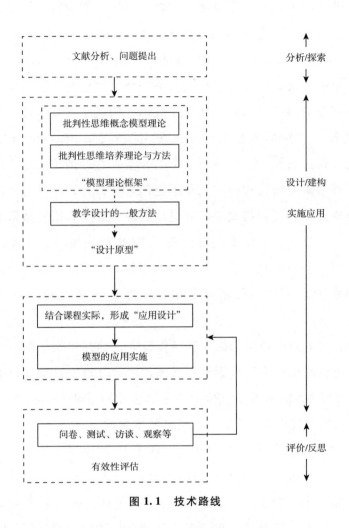

图 1.1　技术路线

则指选定和应用设计方案的过程，通常意味着创造或再造出设计原型，既可直接地表现为教师指南、教学案件等可见的物化形式，也可间接地体现为对教学过程的指导等。换句话说，设计/建构环节的目标就是提出明确的"干预"，也就是之后评价/反思的对象。这一环节涉及本书的重点之一，即建构理论模型。批判性思维的相关理论和学习理论都有较庞大的体系，对模型建构是一大挑战。本书第 3 章以批判性思维的主要理论为基础检视对象，而后选择一种综合性学习理论为分析框架，借由这一工具对批判性思维培养进行基于学习的解读。本书力图采用"抓大放小"的方式为模型建构奠定理论分析基础。

本书的核心是教学干预的实施/扩展。在最终确定具体干预前，分析/探索环节中就包括了研究者和实践合作者的协同计划，设计/建构的原型或干预要转化为实际的教育教学活动，即实施/扩展行为，而评价/反思的过程也必须将实践情境的特征纳入其中。本书第 4 章集中讨论了案例课程基本情况和模型的具体设计应用，既涉及分析/探索环节中澄清情境问题的任务，也对模型做了具体的介绍。

该模型中的"评价"是一个广义的概念，泛指针对设计原型或干预的各类实证检验（empirical testing），评价内容依据长短期目标、干预类型、项目阶段等不同因素，包括研究的可靠性、可行性、推广性、即时效果和长期影响等。"反思"的目标在于寻求理论理解，涉及对研究项目所产生的内容进行主动和深入的考察。综合来看，评价/反思环节的产出可以更好地理解干预，包括意图的适切性、实施状况以及效果等，有助于生成新的或改进的设计与解决方案。本书第 5 章集中呈现了对模型应用效果的分析。

1.4 研究意义

在理论方面，尽管目前学者和一线教育工作者已逐渐接受批判性思维这一教育理念和教育目标，但由于我国尚处于批判性思维教育的初步探索阶段，批判性思维概念内含的多层次性和背景的多元性以及批判性思维培养实践的丰富性对于我们更大范围、更深入和更有效地开展批判性思维教育而言，不啻为一项巨大的挑战。本书若能在厘清相关理论学说的基础上，以工科通识教育为例，建构一种适合中国大学现实的批判性思维教学模式，并论证其有效性，对今后我国大学生的批判性思维培养和创新能力培养及相关研究将具有一定的理论价值。第一，为建构一种适宜的教学模式，本书对批判性思维概念和相关研究进程进行了系统梳理，并从学习理论的视角检视和解读批判性思维培养的主要理论与实践，尝试以跨领域理论对话的方式探讨批判性思维教学的特征和规律。第二，在理论解析基础上建构教学模型并在实践中加以实施验证。第三，在中国高校的现有教育情境中实践批判性思维培养。

在方法层面，本书探索性地使用了教育设计研究的方法，目前在高等教育教学研究，特别是通识教育和批判性思维培养方面还比较少见。基于设计的教育研究有着理论和实践上的双重诉求，并强调设计干预的迭代实施和改进。鉴于以往常见的相关研究，或者多将批判性思维的教学干预视为整体，不太关注某种教学方法有助于促进学生批判性思维发展的内部机制，或者如行动研究大多只关注某种方式在实践上的效果而忽视理论上的探讨，本书 DBR 取向的研究有助于加深我们在理论和实践上对教学方法在批判性思维培养上有效性的理解。教育设计研究方法仍处于发展之中，本书借鉴已有的相关理论，尝试探索设计研究在教育场景中使用的路线、操作过程、技术以及需要规避的问题，为学界的后续探索提供基础。需要说明的是，笔者在这一研究中身兼研究者、课程合作设计者、带班助教的管理者和协作者等多重身份，需要同时协调教师、助教和学生等相关各方，又要兼顾教学、助教团队管理和研究等，这确实是一个很大的挑战，研究过程中难免有角色混合，但笔者尽力区分研究判断和效果评估，以做到实事求是地报告事实与结果。不尽之处，希望能在未来的工作中加以不断完善。

在实践层面，本书着眼于在高等学校既有的教学情境中加强批判性思维培养。经实践初步验证了笔者提出的模式的有效性，本书对其进一步改善的可能进行了讨论，进而对我国高校推进和深化批判性思维培养提出建设性意见。同时，这意味着本模式具有进一步推广的可能性，将该模式在不同课程中加以尝试应用和进一步验证，亦有助于该模式自身的迭代研究。此外，本模式在具体实施过程中积累了大量教学与管理文档，对于教学实践来说亦有直接的参考价值。

第 2 章
文献综述

研究批判性思维的学者有不同的学科背景，对批判性思维有多样解读，对以"批判性思维"为题的教育实践亦数不胜数。在此情况下，为尽可能全面把握批判性思维内含，奠定进一步深入探讨的基础，本章将对相关研究进展、大学生批判性思维培养方式以及我国学界的批判性思维研究等方面的文献进行梳理。

总体来看，批判性思维体现了西方理性传统，因应现代社会发展需要而作为专门的研究对象被提出。本章第一节简要回顾 20 世纪以来批判性思维的研究历程。第二节着重梳理和分析大学生批判性思维培养的相关理论与实践，讨论在多样性背景下批判性思维培养的主要发展趋势。第三节集中探讨近年来我国有关批判性思维研究与教学的状况。

2.1 20 世纪以来批判性思维的研究进展

进入 20 世纪，随着社会的发展，西方学术界和教育界将批判性思维确认为专门术语和独立的研究与实践对象。现代批判性思维概念和理论是西方文化传统和现代社会发展相结合的产物。欧美学者指出以批判性思维为明确研究对象的历史迄今不过百年，并系统梳理了 20 世纪以来批判性思维的研究进程（Streib，1992；Paul et al.，1997；Lai，2011）。国内学者如罗清旭（2002）、武宏志等（2015）均对批判性思维的研究进行了全面介绍。学者们普遍认为，批判性思维研究主要包括三大问题领域：（1）如何理解批判性思维的概念和内含，如何对其进行定义？（2）批判性思维是否可教，如何培养批判性思维？（3）如何对个体的批判性思维发展水平进行评估？在上述相关文献基础上，本书认为20世纪以来学界有关批判性思维的专门研究可以大致分为四个阶段：（1）20世纪40年代以前，开始将批判性思维作为专门研究对象而明确提出；（2）20世纪40-60年代，对批判性思维界定在跨学科宽泛认识的基础上明显窄化并突出了逻辑传统；（3）20世纪70年代以来，批判性思维运动出现并得以发展，体现了各界对批判性思维的重视，并逐步成为具有国际影响的教育理念；（4）21世纪以来，批判性思维研究发展迅猛，学界对于批判性思维的核心要素形成了一定的共识。不同时期的学者对批判性思维的界定有着相异的主流看法，在批判性思维培养和评价上也有不同的理论基础；具有代表性的批判性思维的研究者们及其理论对前述三大主题多有涉及，并基于对批判性思维内涵的不同理解建构出对应的教育教学或测量的理论与实践。诸多理论中，以哲学/逻辑为视角的相关理论呈现出了相对清晰的发展脉络，同时亦可见心理学、教育学等不同学科的多元背景及其影响。

2.1.1　作为独立研究对象的提出

20世纪40年代以前，批判性思维开始作为独立研究对象被正式提出。20世纪上半叶，美国学术界的主流思想是实用主义和进步主义。杜威提出并使用了"反省思维"（reflective thinking）和批判性思维两个说法，初步形成了批判性思维研究的一种系统框架，在概念上涉及"逻辑""反省"等意涵[①]，对批判性思维的意义、教学方法、迁移等问

[①] 杜威在《我们如何思维》（1910）中使用了"批判性思维"和"反省思维"（reflective thinking），1933年在该书修订版中多使用后者；从实质上看，两者内含是一致的（武宏志等，2015）。

题的论述影响了后人。学界公认杜威关于反省思维的分析是当今批判性思维理念的现代思想渊源，杜威也被认为是现代批判性思维研究的奠基者。

当时的美国教育界接受和发展了杜威研究的相关思想。美国全国教育协会（National Education Association of the United States）和全美学校管理者协会（American Association of School Administrators）于 1938 年发布了《美国民主的教育目标》（*The Purpose of Education in American Democracy*），将批判性思维列为学校教育的重要内容，是公民责任的目标之一，即其中第四项"批判性思维：有教养的公民抵御鼓吹炒作"和第五项"宽容：有教养的公民尊重真诚的意见分歧"。一些地方课程委员会则强调批判性思维是教育的主要目标之一（Glaser，1941）。进步教育协会在 20 世纪 30 年代开展了"八年研究"，使用"批判性思维"和"清晰的思维"替代了"反省思维"；1942 年发布研究报告《美国教育的挑战》（*Adventures in American Education*），提出了一套评价学生思维能力的测试方案，包含数据资料的解释、科学原则的应用、逻辑推理原则的应用和证明的本质等内容（武宏志等，2015）。

总体而言，至少在 20 世纪 40 年代的美国，学者们已经开始将批判性思维视为一个重要的教育目标和明确的研究对象，"批判性思维"作为确定的术语被广泛使用。

2.1.2 从拓宽到窄化的理解

20 世纪 40-60 年代，学界对于批判性思维内含的理解经过了从逐步拓宽到逐步窄化的变化。

20 世纪 40-50 年代，学者们承袭前期对批判性思维的理解，从建构概念的具体成分、问题解决、逻辑以及高级认知等不同角度加以拓宽。格拉泽认为批判性思维包括三种能力：（1）倾向于深入思考问题的态度；（2）有关逻辑探究与推理方法的知识；（3）运用这些方法的技能（Glaser，1941）。这一定义将知识和技能区分开来，反映了当时对批判性思维内含的宽泛理解。他还认为良好的批判性思维者应具有识别问题、知道解决问题的可行手段等基本技能，这就将批判性思维与问题解决联系起来。与此同时，心理学特别是认知心理学的发展拓宽了人们理解批判性思维的理论基础，批判性思维开始被视为"高级认知"。吉尔福特提出了三维智力结构，并区分了五种思维——记忆、认知、收敛式生成、发散式生成、评估，很多人认为其中第五种评估思维就是批判性思维（Guilford，1956）。拉塞尔也是从"高级认知过程"角度理解批判性思维的（Russell，1956）。布鲁纳（Jerome S. Bruner）倡导教师引导学生积极进行独立的思考与探索。布鲁姆（Benjamin Bloom）提出了影响深远的教育目标分类法，指出认知领域的学习目标包括知识、领会、应用、分析、综合和评估；其中后三者属于"高阶认知"，其内含与批判性思维基本一致。

关于批判性思维的教育倡导、探索实践及效果的实证研究日益增加。自20世纪50年代起，美国学界发起了若干专门研究批判性思维的计划，如伊利诺伊批判性思维计划和康奈尔大学计划等（武宏志等，2015）。大学中的文科教育对批判性思维的重视值得注意，如迪波尔（DeBoer，1946）、帕尔默和迪德里克等（Palmer and Diederich，1955）将批判性思维与阅读、写作联系起来，美国教育委员会（American Council on Education）1954年出版的《社会科学中的批判性思维》（*Critical Thinking in Social Science*）强调了在社会科学中培养学生批判性思维的重要性（罗清旭，2002）。在批判性思维测试方面，格拉泽从其心理学研究视角出发，讨论了批判性思维的定义和成分、课程实施和评估等问题，特别是随着其与合作者开发的"华生—格莱泽批判性思维测量表"（Watson-Glaser Critical Thinking Appraisal，WGCTA）的不断更新和持续使用，使其早年关于批判性思维的研究影响至今。伴随着有关批判性思维的倡导和教育实践，有学者展开实证研究，探讨教育干预的效果，如德雷斯尔和梅休（Dressel and Mayhew，1954）对7所大学470名一年级新生进行了批判性思维调查，发现6所大学的学生一年内的批判性思维有提高；在此基础上，他们提出了五种批判性思维技能，研究如何设置大学课程和教学策略来提升学生的批判性思维。

到 20 世纪 50 年代后期，研究者们更多地强调批判性思维所内含的逻辑要素，甚至不乏将批判性思维和逻辑等同。如更早布莱克（Black，1946）所著的《批判性思维：逻辑与科学方法引论》的书名就是直接体现。乔治（George，1957）认为"当思维基本是逻辑的时候，思维就是批判的"。拉塞尔指出，批判性思维"是一种对数据资料的逻辑审查，以避免谬误和仅仅基于情感的判断"（Russell，1960）。与这些看法相似，恩尼斯将批判性思维定义为"对陈述的正确评价"（Ennis，1962）。这一定义回应了其导师史密斯（B. Othanel Smith）之前的论述，即"假如我们开始查明一个陈述的意思并确定是接受还是拒斥，我们就是在从事所谓的批判性思考"（Smith，1953）。恩尼斯进一步认为，要对陈述做出正确评价，就必须避免各种陷阱或错误的评价方式，有必要形成一个丰富多样的清单—即对陈述做出判断的标准（Ennis，1964）。他认为要对做出判断所涉及的因素进行规范而细致的考察，但当时的心理和教育相关研究或实践并没有以此为基础，而是在某种程度上使用了一种主观标准。为此，恩尼斯考察了学校目标和关于好思维标准的各种文献，提出了一个包含十二个方面的规范清单和分析批判性思维的框架，并分为逻辑、规范和语用三个维度（Ennis，1962）。恩尼斯的学术背景为分析哲学，其批判性思维理论突出了逻辑意涵（Hoaglund，1995）。此外，他对批判性思维的定义受到了其导师史密斯、进而间接承袭了杜威的影响（武宏志等，2015），在关于批判性思维态度和能力区分的基础上进一步做了要素划分。恩尼斯从 20 世纪 60 年代开始发表相关研究成果直到今日，关注批判性思维持续了半个多世纪；其研究议题涉及批判性思维的内涵、教学和评价等各方面，对批判性思维的理论发展和教育实践都有较大影响，并一直不断发展深化。

综上可见，这一时期的研究者对批判性思维的理解有所聚焦和窄化，突出强调了"陈述的评价"、指向"逻辑"意涵。这些学者多有哲学背景，对批判性思维的定义剥离了问题解决、高级认知等角度，突出了逻辑要素，聚焦于对陈述进行评价，即采用逻辑的标准对命题进行评估和判断。这是一种哲学的、规范性的概念，即批判的思维意味着它满足可接受的相关（逻辑）标准。正如保罗（Paul，1997）所说，这一时期批判性思维研究的重点是由哲学家主导的逻辑、论辩和推理理论，理论家聚焦明显的说服和论辩中的思维问题倾向于用推理和逻辑等相对狭窄的技术视角定义批判性思维，为70年代的批判性思维运动奠定了基调。

2.1.3 批判性思维运动

很多学者指出，美国教育界在20世纪70年代出现了一场"批判性思维运动"（Siegel，1988；Paul，1997；Ennis，2011）。之后较长一段时期涌现出大量的相关教育实践和学术研究，批判性思维受到学术界和教育界的更多重视。保罗认为，批判性思维运动可以划分为三个阶段（Paul，1997）。

20世纪70年代是批判性思维运动的第一阶段。这一时期延续了60年代以来出现的关于批判性思维内涵的逻辑指向的窄化趋势，如恩尼斯继续保持其将批判性思维看作技能的观点（Ennis，1975）。更重要的是，这一时期理解批判性思维的基础由传统逻辑逐渐转变为"非形式逻辑"（或称"论证逻辑"）。非形式逻辑兴起于20世纪六七十年代的北美，在现代逻辑与当时人们日常生活日益脱节的背景下，西方一些受过现代逻辑训练的逻辑学家几乎同时独立开始对适用于日常生活的逻辑进行研究，创立了"使用者友好"的新逻辑，实质是关注逻辑和日常思维及社会生活的关系，强调逻辑的社会功能，试图发展一种能够评价和分析发生于自然语言论说中的论证的逻辑（刘义，2014）。这是当代逻辑学面向社会发展的结果，也是六七十年代美国教育发展和学生需求的结果（鞠实儿，2013：26-27）。其中，图尔敏（Stephen Toulmin）在

1958 年出版的《论证的使用》中提出的论证模型，在 70 年代被普遍认为是批判性思维的基础并被广泛使用。这说明非形式逻辑在很大程度上被当作是批判性思维的主要工具，与之相伴的是教育教学实践的发展，如编写课程大纲与教科书、推出考试测验等。所以，这一时期的教育改革和逻辑学教学革新浪潮常常被称为"批判性思维与非形式逻辑运动"或"基于非形式逻辑的批判性思维运动"，突出了第一波批判性思维运动的特点（Paul，1997）。研究者们强调批判性思维中的逻辑、论证（argument）和推理的成分，却相对忽视了这一概念在更宽广背景中的运用，淡化了对象的情境性特征，其中关涉人类情感和行为的部分被排除出了批判性思维的核心考量。简言之，非形式逻辑运动的产生为批判性思维的发展提供了工具，而基于通识教育的批判性思维运动在一定程度上促进了非形式逻辑的发展。

从 20 世纪 80 年代开始，批判性思维运动进入了第二阶段，教育界轰轰烈烈地展开了各类批判性思维的教育教学实践。这一时期，美国发布了若干教育研究报告，指出其教育系统忽视了学生的思考能力，呼吁需要教会学生推理。高等院校将批判性思维列为高等教育人才培养的一项目标，校园内的非形式逻辑和推理类课程迅速增多，更多教师尝试在课堂上培养学生的批判性思维，例如，至 1993 年，美国已有 800 所高校以不同形式提供至少一种批判性思维课程。在基础教育领域，很多教师愿意花功夫理解和学习批判性思维，并结合自身经验将其整合到教学中，展现出不同的教学风格。各种有关批判性思维的综合性课程和跨学科课程等项目层出不穷，也出现了大量有关基础思维能力、非形式逻辑、导论逻辑、借助谬误分析、"批判-提问"策略和批判性论辩规则等内容的教材（武宏志等，2015）。学者们对各种培养方法、模式等进行了梳理总结（Ennis，1989），各级教育行政系统和组织、各类教育研究机构等都推动批判性思维的教育教学实践。批判性思维不仅成为学校中的教育目标，也逐渐形成很多职业资格（如教师、医护人员等专业）的重要标准。与批判性思维有关的测量逐渐结合、渗透到学业水平与升学考试等各种标准化测试中。此外，出现了大批关注批判性思维的研究机构[①]和批判性思维的专门学术刊物[②]。无论如何描述这场"运动"，不可忽视的是实践背后所体现的国家对学生思考和推理能力的日益关注。

随着教育界更加普遍地强调学生思维的培养，更多领域的学者开始关注批判性思维，从各自学科的视角出发去界定和分析批判性思维，这又重新开始显现出批判性思维的多元化背景，拓宽了人们对批判性思维的认识。斯滕伯格辨识了哲学、心理学和教育3个理解批判性思维的视角，强调它们都关注培养学生更好的思维，观点间有实质交叉，3者可以相互学习（武宏志等，2015：60）。来自批判教育学、女性主义等更多不同立场的学者也开始建构对批判性思维的不同理解，生物学、商业、护理等很多学科的学者也在各自专业内建构具体的批判性思维，指出批判性思维中的情感、直觉、想象和创造性等要素—这些在第一波批判性思维运动中是被忽视的（Paul，1997）。与此同时，还出现了寻求共识的努力。在费希万（Peter A. Facione）等人的推动下，美国哲学学会于1989年发表了著名的《德尔菲报告》，提出了一个具有广泛代表性的定义；基于这个框架，费希万等人开发了加州批判性思维系列量表，并创建了相关研究中心，大力推动批判性思维的应用。简言之，学者们在逻辑视角下回应了批判性思维中的情感和直觉等元素，体现了该运动中学界对批判性思维概念内涵的理解出现了拓宽趋势：很多研究者开始强调与"价值"相关的内涵；关于"技能"和"倾向"的区分得到更多认可；出现了寻求概念共识的努力。但是，这种拓宽的多元理解

---

① 著名的如（1）保罗领导的批判性思维训练中心、批判性思维基金会、卓越批判性思维全国理事会；（2）全国思维教学中心；（3）费希万领导的"洞见评价"等（武宏志等，2015）。

② 1988年，期刊《探究：跨学科的批判性思维（Inquiry：Critical Thinking across the Disciplines）》在蒙特克莱尔州立大学（Montclair State University）诞生。该刊物为有关批判性思维的跨学科讨论研究提供了平台，关注高等教育中的批判性思维理论与实践，并支持批判性思维的教学培养。https：//www.pdcnet.org/inquiry 一些主要的批判性思维研究者都在此刊物上发表过论文。

和寻求综合的努力也反映出第二波批判性思维运动对于批判性思维的理解还不够深入，缺乏共享的智识传统和学界的内部一致，总体上不够整合与融贯（Paul，1997）。

在分析了批判性思维运动前两个阶段的特点和不足的基础上，保罗认为批判性思维运动在 20 世纪 90 年代中期开始进入第三阶段，并期待这一阶段的相关研究能够综合前两阶段的经验，消弭不足（Paul，1997）。他指出，第一阶段的批判性思维运动强调了这一理念的严谨性和深度，第二阶段从更多元的背景中显现了综合性的理解，第三阶段则需要整合前两个阶段的优势。学者们需要提出一个基于逻辑的全面概念，并整合情感、直觉、想象力和价值的作用，它应该同时包括普遍推理和情境特征的要素。批判性思维的真正进步需要不同领域的学者认识到第一阶段的狭窄和第二阶段的肤浅等各自局限，意识到不同背景下批判性思维理论和洞察的价值并加以有机结合，开拓出整合广度和细致严谨的视角。可以说，保罗在 20 世纪最后几年对批判性思维运动的展望，发出了新世纪批判性思维发展的先声。

2.1.4　21 世纪以来对批判性思维的主要看法和全球共识

进入 21 世纪，教育界和学术界对于批判性思维的关注不断增多。教育领域不断倡导和践行批判性思维，其重要性已经逐步成为全球教育界的共识。学者们对批判性思维概念的多样化理解总体上表现出"求同存异"的态度，更多国际组织和专业教育评价机构等开始参与批判性思维的测量评价。实践的深入和测量工具的丰富促进了实证研究的增加，意图证明批判性思维教育的有效性和怎样的教育有助于批判性思维发展。总体上，所谓"批判性思维运动"并未偃旗息鼓，而是持续繁荣。

近 30 年来，特别是进入 21 世纪以后，关于批判性思维的多学科视角影响更加凸显，对于批判性思维的多样定义也层出不穷。一方面，伴随更加多样的界定，学界对批判性思维概念共识的努力日益增多，这延续了 20 世纪 90 年代以来显现的不同视角理解之融合的趋势，上文所引《德尔菲报告》的定义就体现了一种基于经验研究的方法。此外，还有若干不同路径（武宏志等，2015：66-80）：（1）将多种流行定义综合到一个"杂交"定义之中（Halonen，1995）；（2）从不同的定义中归纳出共同（通）要素（Pascarella & Patrick，1991；Jenicek & Hitchcock，2005）；（3）基线方法（Hale，2008）；4）家族相似法（Kadir，2007）；5）综合比较批判性思维的展开元素（Ennis，2011）等。另一方面，很多学者表达了对多样性的包容态度。黑尔（Hare，2002）认为，不同定义都提供了对批判性思维的某种洞见，通常能以简洁的方式把握一段时间内的流行概念，它们都对我们有益。哈尔（Hale，2008）指出，由于批判性思维的丰富性和复杂性，即使最为宽泛的定义，也可能没有把握其全部意思，语境将决定批判性思维最相关的"定义"要旨。另一些学者的看法似乎更为"开放"，如索博肯和格拉克（Sobocan & Groarke，2009）认为，定义问题及其引起的辩论在某种意义上可以丰富人们对批判性思维本质和有关教学的理解，人们不应期望对批判性思维的某一精准定义达成完全一致的意见。尽管有观点强调"差异"的意义，但学者们普遍都认同批判性思维包括某些核心能力，对批判性思维的看法可概括为"求同存异"。正是对不同定义相通之处的把握以及对相异之处的比较分析，才加深了我们对批判性思维内涵丰富性的理解。同时，这也恰好体现出批判性思维研究强烈的跨学科性质。

批判性思维已成为全球教育界普遍认可的教育目标。联合国教科文组织、世界卫生组织、联合国儿童基金会、经济合作与发展组织等国际机构，美国、英国、澳大利亚、德国和法国等国家的政策文本中都明确提出了批判性思维这一目标；诸多大学的章程和办学宗旨、高等教育评估或大学评价的框架、大学基本教学理念、专业课程的目标、各行业资格认证或行业规范（如医学、会计）等各类文件中也都突出了批判性思维（武宏志等，2015：88-114）。

批判性思维在新世纪继续受到各界广泛关注，与此相应的是，关于批判性思维的测试评价成为热点。一些国际组织在倡导批判性思维的同时，也组织开发批判性思维测试。经济合作与发展组织支持下的高等教育学习效果评估（AHELO）就将批判性思维纳入高校学生的核心竞争力之中（OECD，2012）。专业测评机构，如美国教育考试中心（Educational Testing Service，ETS）对主要的测评工具进行了比较和分析，研发了批判性思维测试（Liu et al.，2014），并以此为基础开展了一系列跨国比较研究。测量工具的开发会推动实证研究的深入。总之，20 世纪下半叶以来的批判性思维运动在 21 世纪也一直处于蓬勃推进之中。

2.2　大学生批判性思维的培养

上一节简要梳理了百余年来学界和教育界有关批判性思维的研究与实践历程，展现了不同时期的研究者们对批判性思维理解的共识和差异。文献综述初步显示，学者们提出的关于批判性思维培养或教学的理论以及和理论交互生长的教育实践，与他们对批判性思维内涵的解读与定义密切相关。

从批判性思维的研究历史看，如何培养批判性思维一直以来都是主要议题。基于发展心理学的一般观点，个体的批判性思维并不能随着心理发展而自然生成，外部环境和干预对批判性思维发展有着重要作用。尽管不乏对批判性思维是否可教的争议[①]，学者们普遍认为批判性思维是可教的。本节将大学生作为主要对象，梳理已有文献中关于大学阶段批判性思维培养的相关论述和理论。

2.2.1　主要培养方式类型及其分歧

如本章第一节所述，当前很多高校都开设了专门的批判性思维课程，或者以逻辑或推理为名的类似课程。对于培养大学生的批判性思维

[①]　集中可见于《批判性思维和教育》《教授批判性思维：对话和辩证法》等文献（武宏志等，2015：202）。

是否需要专门课程，一直以来都是该领域最具争议的主要问题之一。对此问题的回答反映了两种不同的理论假设：一些学者推崇专门的批判性思维课程，倾向于认为存在一般性的批判性思维技能，可以独立于专业学习、也能够迁移到专业学习中加以应用和提升，如恩尼斯、西格尔（H. Siegle）和保罗等学者认为思维技能可以通过专门设计的、目标导向的讲授来得到提升（Halpern，2001）。另一些学者则认为不存在一般性的批判性思维技能，相反，批判性思维从属于具体学科或者说具有学科/领域的专属性，且很难在不同领域间进行迁移。

在上述论争和相关教学实践的基础上，恩尼斯（Ennis，1989）将批判性思维的培养方法归纳为四类并被研究者广泛引用。这四类包括：（1）作为独立科目教学的"一般法"（general approach），（2）作为学科课程外显目标的"注入法"（infusion approach），（3）作为学科课程内隐目标的"浸没法"（immersion approach），和（4）"混合法"（mixed approach）。"一般法"以批判性思维本身为教学目的，脱离具体学科内容讲授批判性思维，在实践中多表现为独立的批判性思维课程（或非形式逻辑课程）。"注入法"鼓励学生在学科学习中进行批判的思考，同时课程会明确说明批判性思维倾向和能力的原则。"浸没法"中的学生沉浸在专业学科的学习中，且并不明确地知晓批判性思维的一般原则；这种方法是否能够培养批判性思维向其他学科和日常生活的迁移颇受质疑。"混合法"可以被理解为"一般方法"+"注入法"或"浸没法"，即独立的批判性思维课程结合学科课程进行批判性思维教学。恩尼斯（Ennis，2013）提出的"跨课程批判性思维计划"（CTAC）是所谓的"综合法"（holistic approach）的典型代表，即将批判性思维的教学整合到整个学位项目（whole academic program）之中，而不仅着眼于单独的课程（Niu et al.，2013）。

2.2.2 教什么：专门课程与融合课程的不同理解

课程是高等教育中实践批判性思维的主要途径。上文列举了不同形

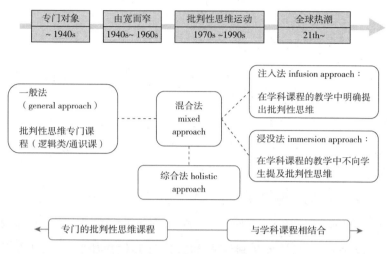

图 2.1　批判性思维培养的主要课程形式

式的批判性思维课程，体现了对批判性思维教学内容的不同理解，即主要探讨批判性思维"教什么"。批判性思维专门课程（以下简称"专门课程"）的目标在于培养学生一般性的批判性思维能力，而融合专业课程或情境的批判性思维课程（以下简称"融合课程"）则认为批判性思维具有领域专属性，应当在不同的专业中学习。在具体的教学实践中，这两大类课程在课程内容、教学安排、师资力量等教学的实际问题上有着明显差别。

批判性思维专门课程大多以逻辑学知识体系为主要框架和内容。逻辑取向的批判性思维课程可分为更名式、扩展式和革新式（武宏志等，2015：260）。其中，"更名式"指直接将导论逻辑的内容冠以批判性思维之名；"扩展式"指在导论逻辑的基础上添加论证逻辑和其他可用于日常推理的逻辑新分支的内容；"革新式"则包括大量论证逻辑的内容，甚至以后者为体系强调技能和应用，而对传统逻辑的内容则有所删减。在这三类课程中，传统逻辑和论证逻辑①在课程内容中的比重有所

---

① 论证逻辑的知识体系一般不包括与数理逻辑联系较密切或应用价值较低的内容，如真值表和演算等。

不同，主要以论证逻辑为主。考察多种逻辑取向的批判性思维教科书的内容①，将此类课程的主要内容加以整理，可归纳为五类知识：（1）批判性思维的概念和重要性等导论性内容；（2）论证的结构和识别方式，如前提、理由、结论、隐含假设等；（3）论证逻辑和评估论证成立的标准和规则—归纳推理、演绎推理和其他类型的论证（如类比论证、因果论证、基于数据的论证等），证据的来源和可信性，论证的清晰性（概念、关于定义、语言的精确性）；（4）关于谬误（fallacy）与修辞；（5）不同领域与不同学科中的论证。

批判性思维融合课程是以学科知识为体系来组织内容的。哈彻（Hatcher，2006）总结了3种将批判性思维技能教学融入其他课程的路径。第一种是从属于某个学科专业的特定批判性思维技能，即在某一学科的标准课程中只传授专属于该学科的那些批判性思维技能，如文学专业中的文艺批评方法和方式等。第二种是一般批判性思维技能在某个学科专业中的应用，即确认一组一般的批判性思维技能，向学生们展示它们是如何应用于学习或课程的某个特殊领域，比如向学生表明演绎和归纳逻辑的标准如何帮助我们评价社会科学研究或科学中的控制实验，又如与商业（Dyer，2006）、医学（Jenicek & Hitthcock，2005）、社会工作、心理等不同专业结合的批判性思维教科书，核心内容可以是逻辑的，也可以是非逻辑的。第三种是将批判性思维技能与其他通用学术技能相结合，把一般逻辑技能教学（通常出现于典型的非形式逻辑或批判性思维教科书中）与提供其他的一般学术技能（如口头或书面交流技能）整合起来，常见的如批判性阅读和批判性写作等。（Cooper and

---

① 如塞尔蒙（Salmon，1995）所编《逻辑与批判性思维简介》的第一版为典型的"更名式"，含逻辑和批判性思维两部分内容，以导论逻辑为基础，其第六版则已加入大量的论证逻辑方面的内容；亨德里克森等（Hendrickson et al.，2008）所编《批判性思维手册》也是"更名式"的代表；摩尔等（moore et al.，2008）所著《批判性思维》已到第十版，为"扩展式"的代表，在导论逻辑上引入论证理论；"扩展式"的代表还有伍兹等（Woods et al.，2004）所著的《论证：批判性思维、逻辑与谬误》，引入了新逻辑分支中可用于日常推理的部分内容，并以论证为基点整合广泛的内容；费希尔（Fisher，2001）所著的《批判性思维：简介》为"革新式"代表，有大量非形式逻辑和论证逻辑的新体系，强调技能和应用。

Patton，2004；Barnet and Bedau，1993）

在大学的教育实践中，最常见的是第三类中将批判性思维和阅读或写作融合的课程，并多命名为"批判性阅读"或"批判性写作"等。从教学内容上看，这类课程中的很大一部分是以论证分析为基础工具，这明显地体现在同名教材的框架中。例如，《批判性思维、阅读和写作：论证简明指导》包含三部分：第一部分是批判性思维和阅读的方法，主要有摘要、对论证的深入分析和图形分析法等；第二部分为批判性写作，包括分析论证、展开论证和使用资源；第三部分是不同专业领域视角中的批判性思维和一些案例（Barnet and Bedau，2010）。又如，美国堪萨斯州贝克大学通识教育中"批判性思维和有效写作"的课程内容包括：（1）介绍批判性思维的内涵和本质（展示批判性思维缺乏所带来的问题—社会问题和个人问题）；（2）介绍有关论证的基本知识，对论证进行辨识；（3）学习论证评估：归纳、演绎、谬误等；（4）使用逻辑工具进行写作。值得注意的是，贝克大学的批判性写作课程为系列课，体现了前文所说的批判性思维培养的"综合法"。这一门"批判性思维和有效写作"课程为大一上学期的基础课，大一下学期为"观点和阐述"—主要包括5篇阅读和5篇写作，高年级则设置有"顶峰研讨班"和"科学、技术和人的价值"两门课。此课程主要围绕论证问题和论辩性文章，由哲学或逻辑专业之外的教师讲授，弱化了逻辑内容（Hatcher，1999）。总体而言，与其他批判性思维课程不同，这种方式聚焦批判性思维技能的应用"论证写作"，体现了一种融合观，即批判性思维融合于通用性的学术能力，并由此体现了非逻辑专业和应用性等特征。

总之，从教学内容的角度来看，批判性思维专门课程和基于写作的课程大部分以论证分析为主要知识体系，融合课程则以学科专属技能或应用技能为主要内容。随着实践进展，这种分野日趋淡化，很多研究者采取了一种折中观点，指出需要包括两者的综合方法，如所谓的"混合法"和"综合法"。

2.2.3　怎么教：多样化的方法与策略

上述所列举的培养方式主要围绕"教什么"，也有很多学者和教师的焦点主要在于"怎么教"。

关于教学方法的讨论很多，方式多样，目前还没有唯一或专门的批判性思维教学方法。例如，穆恩（Moon，2008）整理了十六种批判性思维的教学实践：（1）直接讲授，即直接向学生介绍有关批判性思维的概念和不同深度的思维，在这个过程中常常使用案例加以说明；（2）哲学或知识理论（the theory of knowledge），通过向学生教授哲学（包括逻辑）知识或有关知识论的理论来介绍批判性思维；（3）直接介绍认识论信念（epistemological beliefs），向学生介绍有关认识论的发展和认识论信念转化的信息，可以通过直接讲授、诗歌、小说、冲突情境等途径向学生展示认识论信念并帮助他们探索；（4）使用日常真实生活中的议题；（5）鼓励学生在实习或课外活动中发展批判性思维；（6）反思，例如将学习日志作为批判性思维培养的资源，进行反思与自省，思考元认知策略和关键事件等；（7）在课程中为学生设置专门的思考时间，例如设定专门环节、在教学互动中强调学生思考、"等待时间"等具体方法；（8）在教学中将评估融为鼓励批判性思维的途径，让学生参与评估标准的确定、学生互评、学生自评、使用符合课程目标的测试等；（9）口头作业任务，例如有时间限制的小组批判性思维任务、辩论、"快速思考"、两难问题讨论、"净友"项目等方法；（10）运用写作这一活动来培养学生的批判性思维，包括训练基本思考过程的写作任务，如归纳证据、不同视角的思考、做出判断、做出不同立场的判断等；提高批判性思维能力的写作任务，如运用概念地图、虚拟辩论等；一些综合性的写作任务，如简答、缩写都能够培养批判性思维；还有一些小组写作活动等；（11）阅读，做笔记、梳理文章结构等；（12）对他人作品进行批判性评议（critical review）；（13）培养"批判性实践"（critical practice）；（14）培养论证的技术；（15）聚焦推理和逻辑；

（16）对教师进行批判性思维培养和提高。可以看出，这里多是列举了不同的活动，而并非按某一标准进行分类；所列各条目，有的着重于教学内容，有的描述了活动方式，还有的则是教学目标；其中一些方法是常见的教学活动，还有一些则专门是批判性思维的方法。这一梳理缺乏明确的理论支撑，也不是体系化分类，但呈现出了批判性思维教学方法的多样性；同时，体现了批判性思维培养可以利用各种教学方法，甚至可完全整合到既有的各种教学中，换言之，批判性思维的培养并不一定依赖于某种或某些特定方法。本书发现，目前实践中的批判性思维培养通常采用的教学方法包括讲授与练习、基于苏格拉底方法的探究、聚焦问题解决的探究等。

讲授与练习作为常规教学方法，是一种常见的批判性思维教学方法。批判性思维的逻辑要素对应着完整的知识体系，要求学习者掌握大量知识性内容，因此逻辑取向的批判性思维课程多以讲授法为主，并有练习与思考。例如，以一些批判性思维 MOOCs 为例，其教学内容和前文述及的批判性思维教材类似，主要的教学活动就是讲授。又如概念地图（concept mapping）方法，基于元认知视角来提升学生的模式认知（pattern recognition）能力，以帮助学习者创建概念和次级概念间的层级结构，从而辨识概念间的关系，加深对概念的理解（Novak，1990）。

在其批判性思维技能观的基础上，恩尼斯提出了批判性思维技能的教学模式，其目的主要是训练学生的批判性思维（刘义，2014：41）。这一模式的基本步骤包括：第一步为澄清学习价值和目标，即形成正确有效的思维，帮助学生正确掌握思考活动中的批判性思维原则；第二步为学生批判性思维水平的测试与诊断，以确定学生缺少的技能，进而有目的地组织教学；第三步为向学生呈现批判性思维的逻辑、相关规则和它们的运用方法；第四步为实施训练，通过相关的训练活动，让学生从中练习批判性思维的程序；第五步为评价训练效果。

基于苏格拉底方法的探究与讲授法主要由教师向学生单向传输有所不同，更强调师生之间的交流。探究（inquiry）是一种常见的批判性思维专门的教学模式，其中最具代表性的是基于苏格拉底诘问的探究。一般认为，苏格拉底方法所倡导的探究和质疑是批判性思维的源头。苏格拉底法常常被称为反诘，表面上是一问一答的形式，但实际上正如康德（2010：149）所言，是老师通过这种形式使学生认识到自己的理性原则，并增强学生对此的注意力。一般的对话教学适用于经验性的知识，而反诘法则适用于理性知识。由此可见，苏格拉底方法并不只是一般意义上的向学生提问，不是让学生去猜测教师期待的答案是什么，而是通过提问引发学生对推理过程加以思考。

　　探究式教学法源于古典时期，有着悠久历史。时至今日，我们可以看到多种多样的"新苏格拉底对话"（neo-socratic dialogue），它们一般发展于 20 世纪。例如，尼尔森和赫克曼（Leonard Nelson and Gustav Heckmann）倡导批判哲学取向的苏格拉底对话和"苏格拉底小组作业"，美国大学中自 20 世纪早期以来就出现的讨论名著的课堂教学模式，李普曼（Matthew Lipman）倡导的合作性"儿童哲学"探究法等（武宏志等，2015：154-199）。在操作层面，贝林（Bailin，2015）认为主要包括三个内容：（1）聚焦一个议题；（2）对其证据和观点进行批判性的检查；（3）以形成合理的判断为目标。类似地，奥斯卡·格雷比尔（Oscar Graybill）归纳了 4 个特点：（1）指定的阅读文本；（2）能够引发讨论和回答文本的问题；（3）对话讨论的协作者（facilitator）；（4）能够对讨论进行评价并提出有洞察力问题的评论者（Giuseffi，2015）。

　　上述诸多方法的共同点在于教师的提问，即通过合适的问题促进学生的推理和思考，这也是苏格拉底方法的核心特征。那么什么是合适的问题呢？保罗和埃尔德（Paul and Elder，2007）提出了基于苏格拉底诘问的批判性思维教学法，对此进行了系统回答，并成为批判性思维教学法的典型代表而被广泛应用。他们基于其"思想八因素+理智标准"的理论，对教学中的问题进行了细致划分，直击思维和推理的过程与评价标准。具体地说，思维的八个要素包括目的、问题、观点、信息、推论、概念、含义和假设，同时可以依据清晰性（clarity）、正确性（precision）、精准性（accuracy）、相关性（relevance）、逻辑性、广度（breadth）、深度（depth）、重要性、完整性、公正性等标准对思维要素进行评估。这一模式主要以提问方式来培训学生的批判性思维，在提问中解决问题。其目的不是单纯地训练学生为自己的观点辩护，而是培养学生思维的科学习惯、注重证据和推理。在这种教学方法中，对话教学中的问题类型包括：（1）提问聚焦于一段材料/论述/议题/观点等的目的、问题、证据、推理过程、结论、概念、假设、影响或后果；（2）提问聚焦于推理的质量，包括清晰性、正确性、精确性、相关性、深度、广度等理智标准；（3）问题包括主观性问题、事实性问题或在冲突性视角中进行推理的问题等类型，提问者要提醒参与者从不同角度思考问题。

在具体提问外，有研究者关注教学活动的组织，设计了一套从小组讨论到全体讨论的流程（Long，2015）。首先要建立基本规则（ground rules），讨论小组在讨论前要建立自己的规则，最重要的是"讨论"而非"辩论"。其次是设计一些具体的讨论形式，如应用传统的苏格拉底方法的基础上，将参与者分为两圈，内圈表达、外圈倾听等，通过此种方式促进参与者之间的对话。再次是抛出"试金石问题"（touchstone question），组织所有参与者一起讨论。

由此可见，使用苏格拉底式探究方法的教师必须对思维本身有所认识，要理解思维的内涵和过程，最好能够学习相关的专业知识（戴维斯和阿伦德，2014）。

聚焦问题解决的探究虽然名称上与以苏格拉底诘问为基础的探究法类似，但实际上两者有很多不同——后者多围绕某个材料或某项议题进行提问与回答，以教学参与者之间的对话为主要特色。很多研究者和教师都关注使用一般意义上的探究式教学法来培养批判性思维。从思维过程来看，批判性思维与科学推理有很高的一致性。相关研究发现（Allen et al.，1999；Abrami et al.，2008；Niu et al.，2013），教育实践中除讨论法（Goodin，2005；Yang et al.，2008）外，还经常使用基于问题的学习（problem-based learning）和基于项目的学习（project-based learning）方法（两者缩写都是 PBL），其理论基础为信息加工理论和建构主义（Norman and Schmidt，2000；Schmidt，1983）。与之相似的还有基于场景的学习（scenario-based learning）方法（Gilboy and Kane，2004）、动手实践学习（hands-on learning）方法（Coker，2010）和案例研究法（case study method）等（Phillips and Mackintosh，2011）。

　　这些方法的共同点在于给学生提出真实问题，并推动他们积极主动地解决这些问题（Niu et al.，2013）。这类方法的广泛使用反映出很多人理解批判性思维时认可其中"问题解决"之意涵。20 世纪 40 年代以来，对于批判性思维的定义开始涉及有关"问题解决"的说明，虽然经过后一阶段的窄化，但 80 年代之后的诸多定义又重新提及了"问题解决"。在部分学者如格拉泽眼中，两者所要求的技能有所重叠，如识别问题、得出正确结论等，而某些定义则委婉地将问题解决视为批判性思维的目的。

　　无论是聚焦于提问的批判性思维探究教学，还是通常多用于经验知识的、以问题解决为特征的探究学习法，都体现了以学习者为中心的理念。围绕苏格拉底问答的教学法要求教师关注学生的思考和推理过程，在对话中的问题应以学生的回答为基础；突出问题解决的探究方法则强调推动学生积极主动地应对问题。

　　批判性思维的教学策略不是具体的教学方法，而是教学原则或策略。前文中提到的恩尼斯提出的 21 条教学策略就是此类观点的典型代表①。第一，称为根基策略的三项包括反思（reflection）、理由（reason）和备择（alternative），取三者首字母简称 RRA。其中，反思指促使学生反思、停下来思考，而不是仓促判断或者决定、或者自动接受；理由是教师温和地提问（例如，你如何知道？理由是什么？这个信息的来源是否可靠？）；备择选项强调的是对备择假说/结论/说明/证据源/观点/计划等不同可能性要特别加以注意。第二，更具体的教学策略包括九项基

---

①　http：//www.criticalthinking.net/howteach.html。

本策略和八项技巧—基本策略包括建立自己的概念和理论、充分情境、注重迁移、问为什么、注意学生立场、耐心等；技巧包括让学生提问、留出思考时间、请学生写下观点、提供评价标准、互评等。第三，中层策略特指 FRISCO 和 SEBKUS，用以补充 RRA 的实施。其中，FRISCO 指学生在评估自己或他人立场时应要注意焦点（focus）、理由（reason）、推论（inference）、情境（situation）、辨析（clarity）和概述（overview）等内容，同时还要充分扩展自己的 SEBKUS，即敏感性（sensitivity）、经验（experience）、背景知识（background knowledge）和对情境的理解力（understanding of situation）。从具体内容来看，恩尼斯的中层策略和保罗等提出的"思想八要素+理智标准"类似。

综上，批判性思维的具体教学实践，尤其是在以批判性思维为目标的学科课程中，并不一定依赖于特定的方法。除了直接讲授外，探究类方法和有针对性的教学策略都具有促进学生投入学习的特征。

2.2.4 探索更有效的批判性思维教学

教育界相信批判性思维的培养需要教学干预。根据对既有的主要认知发展理论的综述发现，批判性思维并不会随着个体的成熟而自然发展，前文所引用的大规模调查从侧面印证了大学生的批判性思维发展并不随个体年龄的增长而上升。另一方面，很多实证研究结果显示，批判性思维课程或特定干预措施对提高学生的批判性思维技能或倾向大多有效，这意味着用教育干预来培养批判性思维是可行的。一项元分析研究显示（Niu et al.，2013），学生的学科背景和干预长度对教学干预的效果影响都是显著的。在控制学科背景后，效果最高的是十二周的单独课程，超过了短期项目和整合到整个学位项目中的形式，其原因有待进一步探讨。此外，在控制了这两个变量后，还有很明显的变异（很大比例的方差）无法被解释，意味着可能还有其他因素影响了教学干预的效果。

然而，前文所述的部分调查发现，大学生的批判性思维能力并不随学习经验的增多而提升，亦可推论出很多批判性思维教学的效果并不尽如人意。对于这种情况，哈珀恩（Halpern，2001）指出，认知发展本来就是缓慢和累积的过程，需要一个长期过程。有研究建议，需要开设更多的课程和给予更长时间的干预（Niu et al.，2013）。以恩尼斯的CACT 项目为代表的综合方法就着眼于将批判性思维整合到整体的培养项目中。格林（Paul Green）则认为，批判性思维属于凯尼曼（Kahneman）所谓的"系统二"心理活动，与"系统一"对应着直觉性的、系统化的快思考不同，"系统二"是刻意的、需要特别投入精力进行分析的慢思考。格林认为，由于"系统二"具有"惰性"，要依靠"系统一"提供大量信息资源，且不具有自然而然的可靠性；因此，一周两三小时、持续一学期的课程并不足以保证提供充足的机会以发展高水平的思维能力。在此基础上，格林建议大学除了提供更多的课程和在整个培养项目中进行干预外，还应考虑以培养终身学习者的视角来提高学生的批判性思维能力。终身学习者具有高度的自我驱动力和元认知能力，这意味着他们可以在有限的课程外进行批判性思维的持续自我提升。为此，相关课程还应强调揭示终身学习的意义并传递元认知的技能（Green，2015：111-113）。

有学者则认为，教学效果不佳的原因是现有的批判性思维教学仅专注技能层面的批判性思维发展而忽略了品格（character）培养。批判性思维技能和人的品格有很大关系，布鲁姆将批判思考称为"对我们灵魂之状态的沉思"，指出极端自由主义（permissiveness）与道德相对主义（moral relativism）替代了勤劳与诚实等传统美德（virtue），这和当代人们推理能力的降低有着互相影响的关系（Delibovi，2015：22）。学者指出，尽管批判性思维技能和品格的发展享有共同路径，但教育界似乎忽视了两者的联系；教学实践中采用机械的方法以强调记忆和技能练习，但教育目标指向的则是思维分析或行为表现，两者之间仍然是割裂的（Delibovi，2015：23）。因此，在教学实践中需要培养有助于批判性思维的品格。首先，明确认识到批判性思维是包含品格要素在内的人类能力（human faculty）；其次，辨识那些有助于培养批判性思维技能的美德，同时认识到思维技能的发展如何也有助于品格的培养；最后，探索有效的方法以促进批判性思维的观念转化为行为实践（Delibovi，2015：32）。与批判性思维相通的品格不少，如批判性思维倾向所包含的开放思维、友善、谨慎推理等。其中，有学者提出探究的意愿（willingness to inquiry）是最主要的美德，教育实践中对此应加以重视（Hamby，2015）。

　　除此之外，还有研究者基于实践中的学习者反馈，提出将批判性思维的学习理解为一种社会学习。根据日常教学的问卷调查结果，布鲁克菲尔德（Stephen D. Brookfield）指出，教师示范、与具体经验的联结、面对困境迷惑等有助于他们学习批判性思维，而批判性思维的学习是一种循序渐进的过程。在此观察基础上，他提出了三个阶段的批判性思维训练方案，还专门讨论了批判性阅读与写作、整合不同课程以及批判性讨论等不同情况下的批判性思维培养方法和特点等问题。布鲁克菲尔德的批判性思维培养非常明确地凸显了社会学习的特征，这一理论和前述大部分学者的观点存在明显的差异，体现了其特定的学术背景和理论渊源。作为主要贡献在成人教育领域的学者，布鲁克菲尔德对于批判性思维内涵和培养方式，与逻辑背景出身的学者有相当大的差别。他明确指出，批判性思维的核心是识别假设，与逻辑、问题解决等不同。他还分析了五大理论渊源，特别是心理分析和批判理论。在培养方式上，布鲁克菲尔德吸收转化了学习的理论，突出了批判性思维的社会学习特点，指出"批判性思维是一种社会学习"。在与他人的交互中，学习者从"学习伙伴对自己观点的反馈和提出的不同角度中"更容易"发现假设和新的角度"。但是，借助他人来认清自己的假设存在一个问题，即人们可能更倾向于/更容易找到和自己持有相似假设的人来做同伴，这样更容易形成一个不断自我强化的闭环。例如，互联网上的匿名论坛究竟是增强了人们之间的交流理解，还是强化了个人偏见？这一直以来都是有争议的话题，而现实显示后者的可能性更大。布鲁克菲尔德对此解释为"人们极少有意通过一些跟我们意见相左甚至动摇我们的既有信念的书籍、会话或做法，来进行反思"，对此他的回应是"系统地找出假设常被人们有意地避免，以免带来什么后果，可如果把它变成一个共享的过程，尤其是当看到别人在寻求假设和新的角度时也是痛苦万分的时候，一切就容易接受得多了"。他认为，相比老师，同伴的质疑更容易让人接受，因为学生之间更为熟悉而且大家的权力地位是平等的。因此，需要细心组织、保证讨论的聚焦、避免闲谈或散漫。采用的主要方式是情境分析或批判会话，这些活动需要有严格遵守的基本准则。他以假设为批判性思维的核心，基于自身实践提出了突出社会性学习特色的系列教学理论和一整套方法，其对于同伴学习的强调以及提出的一系列操作性很强的实践方案在众多解决方案中具有独特的价值（布鲁克菲尔德，2017）。

本小节简述了关于批判性思维教学效果有待提升、提升的原因和如何提升之建议的讨论。学者们从批判性思维的内涵与心理基础以及跨学科的视角提出了批判性思维教学的多种解决方案和改进思路，对传统的讲授法和主流的探究法都是很好的补充，使我们越来越多地从学习者和学习的角度去讨论批判性思维的培养。

综合前述各小节可以看出，大学生批判性思维培养的理论和实践具有巨大的多样性。传统上一个主要的争论在于是否需要专门的批判性课程，基于不同理论假设的回答派生出了不同形式的教育实践。专门的批判性思维课程假设具有独立于学科的批判性思维能力，其教学多基于批判性思维的专门研究者提出的理论；与学科课程相结合的批判性思维教学理论认为不存在独立于学科专业的批判性思维能力。很多学者将逻辑，特别是论证逻辑视为批判性思维的基本工具，多以论证逻辑和论证评估的方法与标准等为主要内容，为高等教育中的批判性思维课程教学建构了一整套专门的知识体系与方法，相应也衍生出了大量课程、教科书和专项考试等，在形式上常见为思维类的通识课程，如冠名为批判性思维的专门课程等。非专门课程包括与非思维主题的通识课程相结合——

这些通识课程通常是以某些学科知识体系为基础、或以专题、经典研读、写作课的形式出现，或与不同专业的学科课程相结合。

　　课程形式的差异主要体现了对"批判性思维教什么"的不同理解，也有很多模式或理论主要回应了"批判性思维怎么教"的问题，包括讲授、探究、教学策略等（见表 2.1）。"教什么"和"怎么教"只是不同方法的侧重点有所差别，互相交叉但不是非此即彼。这些教学模式、方法或策略既可以在批判性思维的专门课程中使用，也可以用于整合到学科课程的批判性思维教学中。一方面，越来越多的方法被视为有助于提升学生的批判性思维，其多样性让人很难确定哪些是培养批判性思维的真正有效方法。另一方面，深入关注批判性思维的教育工作者和学者也在探讨如何进行更有效的教学，包括强调技能和品格的融合、传授训练和学生社会学习之间的融合等。

表 2.1　批判性思维培养的不同教学方法

方法	应用领域	典型理论或实践	特点与局限
讲授	专门课程	基于（论证）逻辑的批判性思维知识体系（以各类常见教材为代表）	完整的批判性思维知识技能体系 以教为主 需要师资课时资源
诘问式探究	专门课程（学科课程）	保罗等"思维八要素+理智标准" 恩尼斯的 FRISCO	内容是思维评估的专门方法 广泛用于专门课程 学科课程中实际应用不易 对教师、课时有专门要求
聚焦于问题解决的探究	学科课程	基于项目的学习 基于问题的学习 基于场景的学习 动手实践学习	应用范围广 并不专门用于批判性思维的教学 对批判性思维专门知识和技能关注不够
合作学习	专门课程	布鲁克菲尔德	关注"学" 以生生互动为主 对教师、课时有专门要求

　　上述不同的理论和方法为中国高校进行批判性思维培养的实践提供了大量的参考，但同时也提出了一些尚待解决的问题。首先，多种多样的批判性思维教学模式或理论提供了多样化选择，但不同模式之间的共

同特点在理论上有待进一步辨析厘清，影响批判性思维学习效果的主要因素有待深入探讨和更多的证据。特别是对我国的高等教育来说，批判性思维培养的相关研究还处于起步阶段，对批判性思维的概念还没有形成广泛共识，对相关的教育教学方法也缺少足够的系统探索。

其次，不管是专门课程还是整合课程，在实践中都有一些难点问题必须解决。批判性思维的专门课程会受限于学生学分学时的总要求、专门师资等客观资源，而且专门课程侧重于知识体系或技能，如何将非认知技能层面的培养纳入其中还需要进一步实践探讨。对于整合课程来说，无论是其他通识课程还是专业课程，怎样整合缺少标准，教师们对批判性思维的理解也都大相径庭，缺乏足够的方法或批判性思维方面的知识。又如前文所言，几乎所有的方法都可以为批判性思维教学所用，那么问题的关键就在于如何利用常见的教学方法来进行批判性思维教学，这需要大量的实践积累。大部分整合总体上还主要是基于经验的，这就很难说在不同课程之间、整合到整个培养项目中使用综合方法了。

最后，关于迁移的问题尚待进一步研究。是否具有独立于学科内容的批判性思维？批判性思维的学习可否迁移、如何迁移？这在一定程度上可能也反映了形式教育和实质教育的差别。作为技能，需要进一步探讨的是如何迁移。

2.3 我国批判性思维研究的进展

近年来，国内的批判性思维研究逐年增多。许金红和吴飒（2011）回顾了 1994 年至 2009 年以来核心期刊上发表的相关文献，提出了国内的相关研究总体上可分为"理论介绍和引进"和"与中国实际相结合并尝试实证类研究"两个主要阶段，其中实证类研究自 2003 年以来有了显著增加。王瑞霞和郭爱萍（2011）采用相似的文献计量取向方法，统计了 1986-2011 年中文核心期刊上发表的篇名中包含"批判性思维"

或"思辨能力"的论文，将这一研究领域分为了以 2002 年为界的"萌动"和"发展"两个阶段。进而通过更详细的分类统计发现：新世纪以来的研究成果明显增加；萌动阶段的非实证性研究占优势，但实证性研究呈逐渐上升趋势；研究内容呈多元化发展趋势。田莉莉（2015）回顾和反思了近 10 年来我国批判性思维的研究和教学，她认为之前的综述只是从"论文数量、研究方法及研究内容方面做统计，而非针对具体问题进行分析"，其论文"把研究重点聚焦于其中涉及的若干理论问题上"—包括批判性思维定义、批判性思维与逻辑思维、创新思维、批判性思维与逻辑学以及批判性思维教学反思等。正如田莉莉文章指出的那样，文献计量法在研究进展的深度挖掘方面确实具有一定的局限性；但是，这篇文章所提出的分析框架，主要覆盖的还只是概念和理论方面的讨论，没有很好体现近年来已有研究所涉及的问题领域。那么自 20 世纪 80 年代以来，国内有关批判性思维研究的总体趋势是怎样的？近 10 年来的研究进展又主要涉及哪些主题和研究方法？未来的研究趋势如何？

本节借鉴文献计量法的一般思路，网络检索样本文献，并对每一篇样本文献从类型、主题、层次等属性进行编码。具体包括以下步骤：

第一步，形成文献样本列表。以"批判性思维"为检索词、"篇名"为检索条件，在中国知网（CNKI）的所有文献库中进行检索，共得到 2065 篇文献。这一数量对于逐篇分析来说过于庞大，也无必要，故本研究采用典型抽样的方法选择样本文献以缩小样本量。在 CNKI 中，首先以 CSSCI 刊物与核心期刊刊物为范围，以"批判性思维"或"critical thinking"为检索词①，分别以"篇名"和"关键词"为检索条件，取两者之并集。其次，以全部期刊为搜索范围，用同样的检索词和检索条件，综合考虑命中记录的被引用总数和月均被引用数，而后选取高被引文献，共计 573 条。经逐条整理，排除与"批判性思维"实际

---

① 由于 critical thinking 在国内文献中，常用的翻译除了"批判性思维"外，还有"思辨能力""评判性思维"等，为免遗漏，故增加了英文术语作为搜索关键词。

无关的研究、非研究文献和重复文献，共筛选出样本文献 458 条。这些文献或者发表于质量相对较高的刊物，或者有较高的引用率，能够反映出我国近年来有关批判性思维研究的基本情况。

第二步，对文献进行属性编码。借鉴涂端午等（2007）对文献的分类方法，从社会科学研究的角度将文献的研究类型分为思辨研究、经验（实证）研究、规范研究和文献（综述）研究四大类。其中，思辨研究一般运用哲学思辨和逻辑演绎的方法，经验（实证）研究一般是运用现场观察、访问和社会调查等方法搜集第一手资料进行研究，规范研究一般是指有明确价值导向的、讨论应然问题和提出原则性方案的研究，文献研究主要是通过搜集二手资料进行研究，因此包括文献综述。同时，根据文献的标题、摘要、关键词和全文内容综合确定了文献的其他属性。另外，还以文献所涉及的学科作为编码依据设置了文献的主题，如外语、医学、信息技术、逻辑等等。层次上，涉及成人教育（包括继续教育、在职培训等）、研究生、大学生（包括大专、高职等）、中小学生和幼儿等。

第三步，按照上述类型/主题/编码等属性进行统计分析。

2.3.1　总体趋势

图 2.2 中的数据显示了 20 世纪 80 年代以来至 2015 年的国内有关批判性思维研究的发表变化情况。图中的实线代表"总体文献"发表数量的变化，指的是以"批判性思维"为检索词、以"篇名"为检索条件，在中国知网（CNKI）中检索出的各年份的文献命中数量，具体数值对应左侧的纵坐标轴。图中的虚线代表"样本文献"发表数量的变化，具体数值对应右侧的纵坐标轴。

从图 2.2 中可以清楚地看出，两条数据线的变化非常相似，都呈现出不断增加且增加速度渐快的趋势。进一步分析并结合之前他人的综述性研究（许金红等，2011；王瑞霞等，2011），基本可以确认 2002－2004 年和 2011－2012 年这两个时间节点（分别命名为"节点 A"和

"节点 B"）之后，有关批判性思维的研究文献发表数量较之以前都有迅速增长。

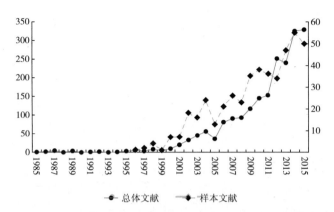

图 2.2　CNKI 中有关 "批判性思维" 的文献数量变化图

以这两个节点为分隔线，本文将国内批判性思维研究的进展分为了三个阶段。节点 A 之前为概念引入和介绍阶段（阶段Ⅰ），节点 A 到节点 B 之间为稳步发展阶段（阶段Ⅱ），节点 B 之后为迅速增加阶段（阶段Ⅲ）。

图 2.3 显示了以样本文献为分析对象，不同类型的研究文献在不同年份中发表数量的变化情况。阶段Ⅰ中基本都是思辨研究，几乎没有其他三类研究，只是到了本阶段末期才开始持续出现。在阶段Ⅱ中，思辨研究的数量趋于稳定，其他三类研究开始出现，尤其是经验（实证）研究和规范研究的出现频率明显持续增多，而且以经验（实证）研究的增加为主。在阶段Ⅲ中，思辨研究的数量总体呈下降趋势，经验（实证）研究和规范研究持续增多，且规范研究的增加数量更为明显，文献（综述）类研究持续而缓慢地增长。

每类文献在涉及的主题和层次上都有不同的特点。样本中的思辨类研究文献共计 98 篇。其中，36.73%（36 篇）来自哲学和逻辑学领域，主要是从哲学/逻辑学的视角探讨批判性思维概念和内涵的相关问题，例如非形式逻辑和批判性思维的关系、逻辑发展中的批判性思维、逻辑

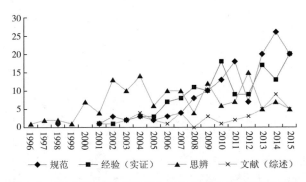

图 2.3 不同类型的"样本文献"数量的年度变化情况

学教育与批判性思维等。47.96%（47 篇）的文献抽象地讨论了大学中的批判性思维培养，一部分从整体综合培养的角度出发，另一部分则结合了具体学科进行阐述。

规范类研究文献共计 142 篇，典型的规范类研究探讨的是教育实践中应当如何培养批判性思维，很多是对教学实践经验的总结和抽象。其中，涉及大学层面的占 71.83%（102 篇），涉及基础教育、研究生教育和成人教育的都不超过 10 篇。另一方面，能够确定有 52.82%（75 篇）的文献结合了具体学科来讨论批判性思维培养的问题，23.24%（33 篇文献）则脱离了具体学科来讨论批判性思维的培养原则、方法、模式和环境等教育教学的问题，还有部分研究（10%左右）将批判性思维视为一种教学手段或方法，讨论其应用和效果。在所结合的具体学科方面，外语（英语）领域的有 53 篇，约占规范研究的 1/3。

经验（实证）研究文献共计 105 篇，包括：（1）对学生和教师等进行批判性思维能力调查（一般是对问卷调查结果进行描述性分析）；（2）研究个体不同特质或不同环境因素与批判性思维的关系（一般是对调查结果进行相关分析）；（3）采用准实验研究思路，讨论不同的教学方法、手段等对培养学生批判性思维的效果。研究覆盖不同的学科领域，主要是在护理/医学学科（57.14%）和英语/外语学科（31.43%）。这些研究大部分会使用与"加州量表"有关的量表等工具对批判性思维进行测量，以作为研究的基础。

文献（综述）类研究共计 45 篇，主要包括两类：文献综述和对海外批判性思维培养情况的介绍。综述类研究的情况能够概括性地反映研究进展，按主题可分为综合性研究综述和与特定主题相关的批判性思维研究综述（包括外语-英语类、医学护理类、批判性思维的培养或教学模式、教学技术类等）。对海外批判性思维培养情况的介绍主要集中在美国和大学层面。

从具体的学科领域来看，和规范类研究一致，样本文献中最多的两个学科为外语（英语）（共 105 篇，占 22.88%）和医学-护理（共 80 篇，占 17.43%）。此外，信息技术、新闻传播、数学、语文、思想政治、物理、财会设计、情报、翻译、法律、编辑、理工科等学科都有不同数量涉及批判性思维的研究。值得注意的是，最近几年讨论批判性思维的学科和专业比之前又有了显著增加。[①]

从教育层面来看，样本文献中数量最多的是讨论大学阶段的批判性思维（共计 272 篇，占 59.39%），少部分研究分别涉及成人教育（30篇）、研究生教育（9 篇）和中小学生及幼儿教育（共计 26 篇[②]）。

2.3.2 国内相关研究的"工具驱动"特征

基于上述数据可以发现：（1）国内有关批判性思维研究的进展主要源于规范类研究和经验（实证）研究的增加—阶段Ⅱ中的经验（实证）研究相对更多，阶段Ⅲ中的规范研究增长得更为明显；（2）相关研究重点关注的是大学层面；（3）外语（英语）教育和医学-护理教育两个领域最关注批判性思维；（4）越来越多的学科也开始关注批判性思维。这几点共同反映了国内批判性思维研究进展的"工具驱动"特点，下文对此进行详细分析。

---

① 按本研究的统计方法，阶段Ⅱ中平均每年的样本文献涉及的学科数量是阶段Ⅰ的两倍，阶段Ⅲ则是阶段Ⅱ的两倍。

② 其中高中 5 篇，初中 1 篇，中学 7 篇，中小学 11 篇，小学 1 篇，幼儿 1 篇。

目前，常见的关于批判性思维的测量工具有 30 余种（王建卿和文秋芳，2011；高瑛和许莹，2014），大致可分为基于客观题（选择）的量表［常用的如华生—格莱泽批判性思维测量表（WGCTA）、康奈尔批判性思维测量（Cornell CTT）、加利福利亚批判性思维技能量表（CCTST）、加利福利亚批判性思维倾向测量量表（CCTDI）等］、基于主观评价的评分标准（常用的如恩尼斯—韦尔批判性思维作文测验（EWCTET）、国际批判性思维测评中心批判性思维短文测试（ICAT-CTEE）等）以及主客观结合的评价工具（常用的如哈珀恩批判性思维测评（Halpern-CTA）、美国教育考试服务中心能力测试（ETS-Proficiency Profile）等）。

国内越来越多的经验（实证）研究多直接或间接地依赖于测量工具。历年来直接讨论工具开发的文献大致可分为三类：（1）对已有工具的介绍（如董文，2011）；（2）对已有工具的修订（如罗清旭和杨鑫辉，2002）；（3）开发新的工具（如张俐等，2015）。本文对相关文献进行了梳理，并根据经验及实证研究中使用测量工具的情况，整理出国内批判性思维测量工具的研究状况。

根据图 2.4，国内研究最为常用的测评工具主要源自"加州量表"，同时还有一些自主开发的工具。在 APA 定义的基础上，费希万（Facione）等人认为批判性思维包括"技能"和"倾向"两个部分，并牵头开发了"加利福尼亚批判性思维倾向调查问卷"（CCTDI）和"加利福尼亚批判性思维技能量表"（CCTST）两个测量工具，本文统一简称为"加州量表"。在国内，罗清旭和杨鑫辉（2001）将其直接翻译为中文后进行检验，叶美玲（Yeh，2002）基于"转译理论"进行修订为 CCTDI-CV，彭美慈等（2004）依据"概念等值"的原则修订为 CTDI-CV。随后，以 CTDI-CV 为基础，有学者将其缩减为 SF-CTDI-CV（Hwang et al.，2010），董文（2012）将其应用于广东省专科护士后进行了修订，万雪梅等（2015）将 CTDI-CV 翻译修订为 CTDI-UCBV。此外，文秋芳等（2011）重新对 CCTDI 进行了翻译核对、新增维度、压缩和修改题

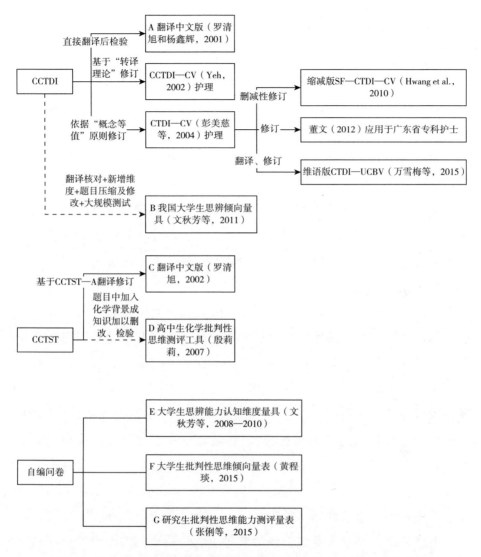

图 2.4 国内修订和开发的批判性思维测量工具的简况（截至 2015 年底）

目以及大规模测试等操作，修订了该量表。值得注意的是，CCTDI-CV
和 CTDI-CV 首先运用于护理教育领域，并常在护理与医学教育领域的
研究中被使用。

　　相对而言，国内对 CCTST 的翻译和修订较少。费希万在 1990 年开发
的测验基础上，于 1992 年开发了另一个版本 Form B（Facione，1994）。

罗清旭（2002）对 CCTST-A 进行了翻译和修订。此外，"加州量表"已采用商业推广模式，一些研究还会直接购买"洞察力测评"① 推出的官方中文版。

除了对国外量表进行修订之外，国内研究也已经开始尝试编制、开发适合不同研究目的的测量工具。这些努力体现为两种思路，一种是借鉴成熟量表的概念结构，考虑不同的人群和学科，对题目进行较大改动，同时对问卷结构进行调整；另一种是遵循量表开发的一般流程，从理论建构、题目编制入手进行全新开发。

第一种思路的典型是"大学生思辨能力认知维度量具"的开发。在外语教学研究领域，"思辨能力"这一术语和对应的测量工具有较广泛的应用。文秋芳（2008）首先提出 CT 应翻译为"高层次思维能力"，继而指出应翻译为"思辨能力"（文秋芳等，2009），但并未从理论（语义）上阐述这一翻译的理由。借鉴相关的理论模型和工具，该团队经过概念建构、题目编修、测试、专家评估、修订与检验等程序，开发了"大学生思辨能力认知维度量具"（王建卿、文秋芳，2011；文秋芳等，2010；文秋芳和刘艳萍等，2010），主要应用于外语（英语）领域有关批判性思维的研究。还有一些工具和学科有更紧密的结合，例如，殷莉莉（2007）借鉴"加州量表"，在题目中加入化学背景或知识后加以删改，然后重新测量、检验，开发了"高中生化学批判性思维测评工具"。

最近几年，第二种思路的工具开发开始逐渐出现。黄程琰（2015）在提出理论框架和对大学生访谈的基础上，进行了问卷的设计、测试和修改，开发了"大学生批判性思维倾向量表"。张俐等（2015）通过问卷调查、因素分析和信度检验等，开发了"研究生批判性思维能力测评量表"。

不过，国内关于批判性思维测量工具的研究还存在一些问题。第一，对于已有工具的研究还不系统。例如，国外研究者就发现当前使用

---

① http://www.insightassessment.com/Resources/Expert-Consensus-on-Critical-Thinking。

较多的 CCTST 量表的子量表的信度不尽如人意。有研究指出其子量表的内部一致性系数在 0.21 到 0.51 之间（Leppa，1997），远远低于 CCTST 作者报告的信度，即 0.68 到 0.70 之间（Ku，2009）。还有研究发现 B 卷比 A 卷难度高很多（Jacobs，1999），很多研究者质疑 A 卷和 B 卷的可比性（Bondy et al.，2001）。国内缺乏对工具本身的问题、不同修订版之间的质量如何等的系统研究，只有很少的研究关注加州量表之外的其他工具（如朱秀丽和沈宁，2004）。第二，很多研究在使用工具时没有仔细区分概念内涵。例如，很多研究虽然使用的是倾向类量表，但是在表述时使用的却是批判性思维能力，容易引起误解。第三，大部分自编问卷在其理论基础、概念建构、题目编制、样本选择等环节上的操作还有遗漏或不太规范之处。目前发表的自主问卷除了"大学生思辨能力认知维度量具"外，大多影响不大。

批判性思维研究进展的主要特点是"工具驱动"，也就是说，测量工具的修订及开发是驱动国内批判性思维进展的主要动力之一。首先，前文提到的两节点和对应的三个阶段与研究工具的发表时间刚好吻合。节点 A 正是"加州量表"多数中文修订版发表的时间，随后经验及实证研究开始逐步增加。外语教育领域影响较大的"大学生思辨认知能力量具"的开发和发表也在节点 B 附近；此外，从 2009 年开始，外语教育领域的 CT 研究文献数量在样本文献中所占比例有明显增加（图 2.5）。其次，从国内批判性思维研究的主题来看，以外语（英语）领域和医学-护理领域的研究最多，两者共占到 40% 左右，而主要的研究工具恰好是源于护理教育领域和外语教育领域。最后，就影响力来看，对测量工具进行研究的文献的被引用数一般都很高，其平均被引用率远高于其他主题文献（包括基础的概念辨析类文献）。

通过对已发表的期刊文献进行分类和统计，本节就国内批判性思维的研究进展进行了回顾并有如下发现：第一，国内有关批判性思维的研究进展可根据 2002-2004 年（节点 A）和 2011-2012 年（节点 B）这两个时间节点分为三个阶段，节点 A 之前为概念引入和介绍阶段（阶段Ⅰ），

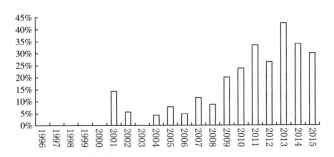

图 2.5　各年度样本文献中外语（英语）领域的文献比例变化

节点 A 到节点 B 之间为稳步发展阶段（阶段 Ⅱ），节点 B 之后为迅速增加阶段（阶段 Ⅲ）。研究的增长主要源于规范类研究和经验及实证研究的增加，阶段 Ⅱ 中的经验及实证研究相对更多，阶段 Ⅲ 中的规范研究增长更为明显。第二，相关研究重点关注的是大学层面，外语（英语）教育和医学－护理教育这两个领域最关注批判性思维。当然，也有越来越多的学科开始关注批判性思维。以大学生整体为对象的、主流教育研究领域对批判性思维的研究还较少。对于批判性思维对学生发展的贡献、更系统地讨论批判性思维教与学规律的研究尚不多见。第三，国内批判性思维研究的进展具有"工具驱动"的特点。

2.3.3　关于批判性思维与中国传统文化的讨论

近年来，我国一些学者开始关注批判性思维和中国传统文化的关系，对此不乏争议。这也是深入理解批判性思维并推进教育实践需要不断思考的问题。

有学者强调中国传统文化对批判性思维的阻碍。刘义（2014）分析了中国古代哲学和中国古代学习理论中的批判性思维，认为批判性思维在中国文化历史长河中有悠久的历史传统；同时，他又指出中国人的思维方式有重形象思维、综合思维、统一思维的特点，与批判性思维从本质上讲是背离的。因此他总结，从传统文化的主流来看，我国传统文化中批判性思维的表现和星星之火并没有形成燎原之势，主流文化使中国开展批判性思维教育困难重重。

有学者强调中国传统思想对发展批判性思维的有益之处。郭顺利（2012）从批判性思维的宏观和微观两个层面分析了中国传统思想给我们发展批判性思维提供了有益的原则和标准。刘晓玲和黎娅玲（2015）以批判性思维为切口，探讨岳麓书院的教育，指出其"讲会"与"会讲"的教学模式、"质疑问难"的教学方法以及《读书法》都在无形中培养了书院学生的批判性思维，并阐发了其对当今高等教育中培养批判性思维的启示：（1）开展学术交流活动、创造自由开放的学术环境、培养学生批判性意识；（2）转变教师角色、创建活力课堂、促进学生批判性思考；（3）鼓励学生自主学习、建构知识体系、养成批判性品质。

还有学者进行了两方面的分析，重在指出如何借助传统文化在中国发展批判性思维。王琪和眭国荣（2016）分析了中国传统文化对批判性思维的张力空间和阻碍空间，指出和谐社会要发挥批判性思维的合理张力空间。但其仅将批判性思维立足于科技进步，还值得进一步商榷。钟玮和王晓阳（2016）在教育学视角下讨论了儒家文化与批判性思维的关系，分析了儒家文化中的批判性思维特点、儒家文化对批判性思维教育的阻碍与助益以及儒家文化下批判性思维教育的可能性建构，指出了运用儒家文化（即通过"名""辩""论证"）可以培养批判精神，进而培养批判性思维。

上述文献为研究中国文化与批判性思维的关系提供了很多有价值的视角和切入点，包括对传统哲学、学习理论、文化和思维特点等较为丰富的分析，对儒家文化与批判性思维关系较为系统的阐述，结合教育史中的具体教育活动进行深入分析等。但是，它们多是从批判性思维的当代概念出发与中国传统文化进行比较，有些研究甚至只是简单引用了一两个不太具有代表性的定义之后，就与中国传统进行对比，这种比较思路略显生硬，或有偏差。

要真正有效地培养学生的批判性思维，就必须对这一植根于西方传统的概念有更深入的理解，特别应结合中国的文化传统，探讨当代中国需要怎样的批判性思维。本研究认为可以从批判性思维的历史源流出发，借由批判性思维的发展脉络之基础来与中国传统文化进行比较。基于前文关于批判性思维内涵的发展和批判性思维培养相关理论的梳理，本节将具体从对比苏格拉底方法和孔子启发式教学，以及中国传统文化中怀疑精神和逻辑思维等观念与批判性思维基本要求的异同这两个角度剖析两者的关系。

第一，正如前文所分析的那样，批判性思维普遍被认为可以溯源至著名的"苏格拉底方法"（或称"助产术"）——一种探究性质疑（probing questioning）。随着历史的发展，20 世纪出现了"新苏格拉底对话"，并泛化为一般性的批判性思维模型（武宏志等，2015：166-180）。在"对话"的形式上，研究者和教育工作者常常将苏格拉底方法和孔子的启发式教学进行对比。它们是古典轴心时代东西方伟大思想家不约而同采用的问对方法，是古代个体教学模式下的代表性教学方法。其共性反映了互动式交谈、伦理谈话等古代施教的一般趋向，两位先哲也都深知自己的无知且反感强不知以为知。其差异则显示出古代东西方教育的传统异趣：苏格拉底在对话中主要是问，孔子主要是通过答弟子问来"启发"；前者从特殊到一般，后者从一般到特殊，这一区别和谈话内容的性质相关；苏格拉底的"爱知"更多地体现了求知本身的哲学旨趣，孔子的实践理论则追求指导实践；苏格拉底探求新知，孔子则温故（陈桂生，2001）张传燧（2006）。从东西方社会文化根源出发，将两者所代表的深层次差异归纳为：（1）东西方不同的文化传统及其思维特色；（2）在方法论和教育目的上具有差异，与西方相比，中国文化传统尊德性、修己而求至善、重视实践理性，具有伦理本位的特点。

苏格拉底法与孔子"启发"式教学在形式上都是对话问答，但实质上却有很大的不同。苏格拉底法代表了西方的教育乃至文化之源，奠定了当代批判性思维的基础。克尔恺郭尔将苏格拉底法的规则概括为三条：使自以为知者知其不知，使自以为不知者知其所知，以及不自以为知（陈桂生，2001）。其中的最后一点为根本出发点，蕴含着要悬置判断和结论。另外，孔子把言说标准放在言说之外，从而最终取消了言说的标准；与此不同的是，苏格拉底把言说的标准最终确立于言说本身……他使思想摆脱具体经验的束缚而上升到逻辑的（合乎理性的）言说……由此就形成了西方思维对任何一个概念寻根究底、进行追溯的理性传统（邓晓芒，2000）。正是基于这些特点以及"讥讽"、归谬而呈现矛盾、反问诘难等具体手段，苏格拉底法被认为是当代批判性思维的源头。

同时，比较孔子"启发"式教学和苏格拉底法的一个重要特点是其与批判性思维内涵的相通之处。我们不能说孔子是不理性或非理性的，正如李泽厚（1994：34）在《中国古代思想史论》中指出的那样，孔子思想的理性精神在于"它不在理论上去探求、争辩难以解决的哲学问题……重要的是在现实生活中如何妥善地处理它"。苏格拉底法实质是哲学教育，探讨的是事物之本原或本质；与之不同，孔子的教育则是有关人的道德的教育，所关注的是伦理德性的展开（周兴国，2008）。从批判性思维定义的发展来看，实践理性的目标也是当代批判性思维的诉求。恩尼斯关于批判性思维的定义——"为决定相信什么或做什么而进行的合理性的、反省的思维"就强调了实践即"做"，他认为批判性思维也是一种实践活动。保罗（Paul，1989）的看法则突出了批判性思维的道德含义。他认为批判性思维具有规训的、自我导向的性质，它以两种形式出现：如果是为了服务特殊个体或群体的利益而排除其他相关的人和群体，就是诡辩的或弱意义的批判性思维；如果是为了考虑不同人或群体的利益，那就是公正的或强意义的批判性思维。当代批判性思维的研究者们开始强调批判性思维的实践意义，这提醒了我们，如果批判性思维基于中国传统的实践理性，那么在中国就不是空中楼阁或格格不入。

第二，苏格拉底方法中的悬置判断和结论凸显了怀疑及否定的意味。在杜威看来，反省思维和批判性思维的第一个核心要素也是"悬置判断"，人们此时处于怀疑、踌躇、困惑的心理状态（武宏志等，2015：9）。学者们对 critical 等相关术语的词源学考证和用法分析表明，其有质疑、理解、分析和评估之意（武宏志等，2015：6）。费希万（2009）则指出，"质疑、问为什么、以及勇敢且公正地去寻找每个可能答题的最佳答案，这种一贯的态度正是批判性思维的核心。"简言之，对假设的质疑、怀疑是批判性思维的突出特征，是批判性思维和非批判性思维的主要区别之一，反映了西方文化中源远流长的怀疑和批判的思想传统。

中国文化传统也并非如很多人所惯常认为的那样一味强调对权威的尊重和顺从。实际上，怀疑的态度、对怀疑的倡导古已有之。古代儒家就认为，学生对老师不能无原则地听从、不问是非地顶礼膜拜。在接受弟子批评性意见方面，孔子本人就是一个表率（冯文全和冯碧瑛，2013）。而孟子主张要敢于质疑和批判——"尽信《书》，则不如无《书》"（《孟子》）广为人们所知；"故说诗者，不以文害辞，不以辞害志，以意逆志，是为得之"（《孟子》）也表达了类似的意思，即不能拘泥于字句望文生义，需要自己的思考与研判。不过，孟子敢于怀疑经典的精神虽然难能可贵，但具体尚有值得商榷之处。比如"吾于《武成》，取二三策而已矣。仁人无敌于天下，以至仁伐至不仁，而何其血之流杵也"（《孟子》）是他就《尚书》中有关武王伐纣的描述的质疑，但并没有给出十分充分的理由（郭顺利，2012）。中国古代还有很多思想家具有批判精神，杨雄批判谶纬迷信、王充批判崇古非今、范缜批判佛教神学、张载批判佛教唯心主义、李贽批判权威思想等（刘义，2010），他们的思想带来了深远的影响。在西方，批判性思维可追溯于两三千年前人们对神话、迷信和宗教等神秘说法的怀疑与证伪（费希万，2009）。

在具体的学习活动中，古代学者也特别倡导怀疑和反省。《荀子》认为"君子博学而日参省乎己，则知明而行无过矣"；张载提出"义理有疑，则濯去旧见，以来新意"，以及"可疑而不疑者不曾学，学则须疑"（《经学理窟》）；朱熹认为"读书无疑者，须教有疑，有疑者，却要无疑，到这里方是长进"（《朱子读书法》）；陆九渊认为"为学患无疑，疑则有进，小疑则小进，大疑则大进"（《陆九渊集》）。古代先哲和教育家们的说法与很多时候曾普遍可见的对书本无条件顺从和接受基本相反。古人提倡的这种态度为我们今天推动批判性思维培养提供了深广的传统源泉。

当然，必须承认质疑权威不能算是中国传统文化的主流。从更深层的含义去考虑，西方传统中怀疑的目的是"求真"，中国古代"怀疑"的目的并不与此一致，而是最终落脚于社会生活。

第三，"疑是思之始、学之端"的说法展现了中国教育传统中对于"思"的讨论，尤其"学"和"思"的关系是中国传统教育中的关键概念，但是主流的儒家传统还缺乏对"思"本身的细致分析。作为中国逻辑传统的墨家、名家等在先秦之后逐渐衰落乃至终绝，与西方自苏格拉底和亚里士多德以来绵延至今的思维和逻辑传统有非常显著的不同。

对现在的批判性思维的评估得到了广泛共识的内涵。在西方文化传统中，对思维的研究既有很早诞生的逻辑学，也包括近现代发展起来的心理学等学科。反观中国特别是中国的教育传统，对"思"也是相当重视的，尤其是"学"和"思"的关系。"学而不思则罔，思而不学则殆"（《论语》）明确了两者间互为依存的关系；"学非有碍于思，而学愈博则思愈远；思正有功于学，而思之困则学必勤"（《四书训义》）指出了博学是深思的基础；"思则得之，不思则不得也。"（《孟子》）和"思索以通之"（《荀子》）则强调了"思"的重要性。具体到如何"思"，除了"疑是思之始"之外，韩愈还强调"思"要专注，所谓"然其所志，惟在其意义所归""手披目视，口咏其言，心惟其义"（周立，2011）。总的来说，我国的教育传统更多是强调"思"的重要性和"学"的辩证统一，是"博学之，审问之，慎思之，明辨之，笃行之"（《中庸》）这一完整学习过程中的组成环节。但是，儒家对"思"的内部和"思"的过程的讨论并不多见。与此不同的是，墨家主张类推求故之思，主张知其所以然的立辞明生、明理和明类。

　　然而，中国传统文化中的分析性传统虽然在先秦时期有过辉煌，但最终淡出主流乃至终绝。相反，西方的逻辑传统绵延至今，发展到当代出现的非形式逻辑，成为批判性思维实现的主要工具之一。从 20 世纪 70 年代开始，北美出现了一种新的逻辑学发展趋向并扩展至全球，即非形式逻辑。从字面上看，其强调了和"形式的"特别是"形式化"的区别，实质上是强调关注逻辑和日常思维及社会生活的关系，强调关注逻辑的社会功能（鞠实儿，2013：26）。毫无疑问，非形式逻辑也深深植根于亚里士多德开启的西方传统逻辑。它不是形式逻辑的截然对立面，而是在形式逻辑的框架基础上，引入某些形式逻辑学家所关心的论证评价要素（即语用要素）而建立的（周建武，2013）。显然，非形式逻辑与中国传统文化应该没有特别的关系。作为世界逻辑三大源头之一的先秦名辩学后来衰落，而中国的逻辑传统虽然在后世一直存续并有所发展（温公颐、崔清田，2012），但是从当代非形式逻辑的发生学来看，确实和中国的逻辑传统无关。不过，仍然有学者尝试论证其中的相通之处。赵继伦（1989）指出，"就基本逻辑特征而言，《墨辩》不属于形式逻辑，而属于非形式逻辑……是在中国古代逻辑理论尚未成熟的状态下所形成的逻辑类型，表现出非形式逻辑的基本特征。因此，我们称其为中国古典的非形式逻辑。"具体而言，《墨辩》是具有应用性质的论辩逻辑，同时是以实际论证过程为研究对象的非形式逻辑。王克喜（2004）认为，"由于中国语言的特质在一定程度上影响了中国古代思维所具有的特征，从而使得这种思维特征与非形式逻辑相得益彰，即中国人传统的思维特征很适宜发展非形式逻辑……作为中国古代逻辑代表的墨家辩学在非形式逻辑的发展和引申上却做出了巨大的贡献。个中原因确实与中国古代语言的非形式化有密切关系。"与上述观点相反，周云之（1992）明确指出，《墨经》逻辑是先秦和中国古代（传统）形式逻辑思想的最高水平和杰出代表。综上，中国文化传统中有着深厚的逻辑传统，虽然和当今的非形式逻辑没有直接关系，但如何助益于非形式逻辑在当代中国发展值得进一步探索和挖掘。

2.3.4　国内已有研究和实践的启示

国内有关批判性思维的研究经历了一个快速增长的过程，从集中在大学层面向基础教育扩展，从语言和医学护理等专业领域向更大范围的群体扩展。以整个大学生群体为对象，从研究发表上看具有工具驱动的特点，从批判性思维教学的发展来看，直到 90 年代中期，高等教育中才开始将批判性思维付诸教学实践，相关探索不断扩展（Dong，2015）。从 90 年代中期到 21 世纪的最初几年，受到 MBA 入学考试中出现论证逻辑类题目而学习者需求大增的影响，高校逻辑教师将逻辑课加以扩展，包括了日常语言论证等内容。从 2003 年开始，中国青年政治学院、北京大学、中国政法大学、中国人民大学、华中科技大学等高校陆续开设了冠有批判性思维名称的专门课程，随之出现了相关各类教材。进入 21 世纪的第二个十年，高校的批判性思维教育实践呈现出日益扩大的趋势，一方面出现了更多的必修课程，如汕头大学从 2011 年起开设了全校本科生必修的"整合思维"课，清华大学经济管理学院开设了本科生必修的"批判性思维与道德推理"课；另一方面，通过文献检索还可以发现，越来越多的教师自发开始在所教授的公共课程（如英语等）或专业课程中尝试批判性思维教学。

尽管如此，我国高校的批判性思维培养总体上还处于探索阶段。从课程形式上看，批判性思维的专门课程的数量很少，大多都开设在哲学系或实验性的班级内，缺乏专门师资且专业教师队伍建设无法一蹴而就。另外，若作为必修课程加以推广，则需要对培养计划进行普遍调整，这也并非易事。在此情况下，采取"一般法"或"混合法"的批判性思维培养路径还不具备可操作性，而所谓的"注入法"就由此成为当前更具可行性的参考路径。虽然相关人士都强调批判性思维的培养要结合其专门知识和不同学科的专业内容，但已有的相关研究在理论解析与整合实际教学情境的具体实现等方面还有待进一步探讨。例如，斯沃茨（Swartz）等主要讨论了"注入"的基本原则和结构组件（武宏志等，2015：206），却没有充分回答学科内容如何根据批判性思维的要求进行再设计的问题，所提出的具体结构在实践中还不能很好地指导二者有机结合。此外，已有的类似方法忽视了在教学中对批判性思维多元内涵的整合理解，进而忽略了诸种批判性思维的专门教法以及相关教学方法间的共性和特色。与此同时，虽然开始出现一些以学习者为中心的教学方法来发展学生批判性思维的讨论，关于批判性思维教学的探讨开始有"学"的视角，但是，包括"注入法"在内的大部分主要方法还多从"教"的角度出发，相对忽视了从学习角度对批判性思维的培养过程、特征以及学生需求等的探讨，还存在很多"教"与"学"割裂的情况。

扼要言之，综合上述批判性思维的相关研究进展，在既有的课程体系中、以现有非专门的批判性思维课程，特别是通识课程为基础来渗透批判性思维培养，既符合我国当前高等教育发展的现实所需，也切合批判性思维的发展实际及其与通识教育的内在一致性。

第 3 章
整合式批判性思维教学模式的理论建构

课程是大学生学习的主要途径之一，也是高校培养学生批判性思维的重要场域。既往的实践包括开设专门的批判性思维类课程、将批判性思维的培养整合到其他通识课程或学科课程等非专门课程中。然而，如何更有效地整合还需进一步的探讨。

本书尝试提出一种整合式批判性思维教学模式（Integrated Teaching Mode for Critical Thinking，ITCT）。本章第一节阐述了 ITCT 的缘由及其框架。第二节对批判性思维的多层次内含进行解析和讨论，以此构成 ITCT 的概念内核。第三节基于学习理论的一般观点，检视了批判性思维培养的主要特征，结合概念内核分析构建了 ITCT 的理论层模型，包括其理论基础和基本结构。第四节在前文的基础上，通过借鉴教学设计的一般方法，聚焦大学课程，提出了 ITCT 模式的设计原型，即原型层的模型。

3.1 ITCT 的基本结构

本书通过对已有文献和实践的考察发现，既有的批判性思维培养与教学的主要局限存在四个"疏离"。第一，哲学/逻辑、心理学、教育学等不同领域对批判性思维的理解和培养方法的建构缺乏联系与整合，不同学科背景的学者和教师对批判性思维培养与教学目标的设定等在很大程度上相互疏离。第二，批判性思维具有多元内涵，但很多教学方法中的批判性思维概念是相互疏离的，且大部分侧重知识与技能。第三，尽管当前的主流观点是综合通用的批判性思维的知识技能与具体的学科情境，但因实际的教学实践中欠缺与此有关的具体方法，两者在很多时候是疏离的。第四，很多既有的批判性思维培养模式不能全面地展示教师和学生在此过程中的体验与期待，相对而言更偏重教师的"教"，"教"与"学"多是疏离的。由此，我们需要从整体学习过程的角度理解批判性思维培养，以学习理论视角下学习的基本维度来探析批判性思维，进而提出一种整合式批判性思维的教学模式。

本书提出的 ITCT 如图 3.1 所示。首先，模型中心的两个同心圆和三角形为批判性思维多维度内涵的结构图，示意批判性思维概念内涵的多元性，并表明批判性思维培养要以认识批判性思维的内涵多元性和澄清相应的概念为基础。正如当前诸多研究者所认为的那样，批判性思维教育教学中的"技能"和"品格"不应当是疏离的，教育者既要看到批判性思维作为学习对象的内涵多元性，也要使具体的教育教学活动在多元性的基础上有所收敛和聚焦，明确特定的教学目标。

其次，三角形外的三个扇形分别代表内容、动机和互动，用这三个基本维度检视批判性思维及其教学所呈现出的复杂面貌。既有的批判性思维教学模式大多以不同视角对学习内容、学习动机和学习中的互动进行考虑。在此基础上，本书提炼了批判性思维学习的三个关键要素，即"探究""对话""情境"，它们既是已有的不同教学模式和方法的突出特征，也是对批判性思维内核理念的直接投射，集中体现了从学习出发考察批判性思维的内涵特点。理论层的建构力图将学习理论的观点整合到批判性思维知识与技能的专门体系中，同时弥合"教"与"学"的疏离。

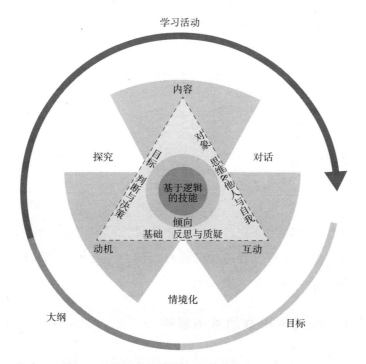

图 3.1　整合式批判性思维教学模式（ITCT）

　　上述二者构成了 ITCT 理论层的要素，最外圈则显示了原型层中增加的结构，其中最主要的是"学习活动"，探究、对话和情境的基本方法以此为具体落脚点。具体讲，模型提出了一种以学习活动为基本单位的模块化、积木式的解决方案，教育者依据课程需要，将批判性思维以不同的方式整合到组成课程的学习活动中。从教学设计角度考虑，还必须纳入教学目标和大纲结构。一般来说，作为载体的课程，其本身有确定的教学目标、大纲结构和教学内容，这是进行整合的前提条件，即整合批判性思维时不应对课程的既有安排做出颠覆性改变。原型层突出了如何在教学设计的操作层面将批判性思维有机地整合到学科情境中。

　　示意图总体上基于学习的视角，由内而外展现了模型从概念内核到学习原理，再到课程实践的考虑。批判性思维的概念内核是课程设计和实施的基点，探究、对话和情境三种基本方法则是对概念内核的直接反映。后文三节将分别对各层次具体内容加以讨论。

3.2 ITCT 的概念内核

回顾学界和教育界（主要是北美地区）自 20 世纪以来对批判性思维的研究与实践进展可以发现，相关研究主要关注的是批判性思维的概念内涵、培养方式和评价测量三大主题。从教育视角出发，学界普遍将批判性思维视为一种重要的教育理念或教育目标，教育者和学者提出了大量的教育教学策略与方法。本书的教学模式亦以对批判性思维内涵的建构为基础，先创建批判性思维的核心内涵并进行解读，而后提出整合式批判性思维教学模式的理论原型。

3.2.1 批判性思维的基本属性

本书第一章曾提到，大部分学者将批判性思维明确为思维形式或智力品质，这在分析概念模型的具体组成部分前需要进一步讨论，即批判性思维首先是一种思维形式。

从这个角度出发，可以说批判性思维是一种高级的、以逻辑为基础的思维过程。思维是借助语言、表象或动作实现的，对客观事物的概括和间接的认识，是认识的高级形式（彭聃龄，2012）。学术界普遍认为，人的认识分为感性认识和理性认识两个基本的形式和重要阶段，两者不可分割、连续统一、相互渗透。感性认识包括感觉、直觉和表象等，传统上是心理学研究的对象；理性认识的形式包括概念、判断和推理等，是认识的高级形式和高级阶段，传统上是逻辑学研究的对象。心理学和逻辑学最初都统一于哲学母体中，在科学分化过程中逐渐分离，到了 70 年代，随着认知科学的诞生，心理学和逻辑学又有了交叉和统一（蔡曙山，2016），其融合发展的结果是产生了心理逻辑和思维心理学等新兴学科。由此可见，思维主要是理性认识的形式，是心理学和逻辑学等不同学科的研究对象，从不同角度可以分为不同类别。例如，根据思维任务的性质、内容和解决问题的方法，可以分为直观动作思维、形象思维和逻辑思维；根据思维过程中的凭借物，可以分为经验思维和理论思维；根据思维结果是否经过明确的步骤和有无清晰的过程，可以分为直觉思维和分析思维；根据思维探索目标的方向，可以分为辐合思维和发散思维；根据思维的创新程度，可以分为常规思维和创造思维；根据思维的线索，可以分为正向思维和逆向思维（彭聃龄，2012）。此外，虽然学者们普遍认为心理学是批判性思维的主要研究视角之一，但我们发现，心理学并未将批判性思维视为重要的专门研究对象。在诸多常见的心理学教科书或工具书中，很少以"批判性思维"为名的专门章节，而作为心理学基础的"普通心理学"，以及和批判性思维及其发展有关的"认知心理学""思维心理学""发展心理学"等知识体系中也很少有以批判性思维为焦点概念的专门论述，甚至术语表中都难见其踪影。这一现象恐怕和批判性思维本身的多元面向有关系。综上可见，批判性思维是一种理性认识，其内涵偏重逻辑思维、理论思维和分析思维等。

上述现象反映出批判性思维并不是思维心理学或认知心理学中一般意义上的独立研究对象，其内涵具有一定的综合性。通常思维心理学教科书所反映的知识体系一般包括概念、推理、比较、抽象、概括、分析、综合、问题解决等思维过程，而认知心理学或认知发展心理学讨论的主要概念则有表征、概念、推理、问题解决、记忆、语言和元认知等（弗拉维尔等，2002）。这些学科中的重要概念，如推理、分析、综合、元认知、问题解决等，都涉及批判性思维概念中的不同面向。同时，认知发展心理学的很多研究也揭示了推理（包括因果推理、类比推理、形式推理、科学推理等各种形式）、问题解决、元认知等不同认知能力从个体儿童期开始的发展过程和影响因素（陈英和，2013），而它们正是"批判性思维"概念所包含的内容。

总之，所谓"批判性思维"就是一种逻辑思维或理论思维，其具体操作涉及推理和判断等思维过程，其特殊内涵在于，这些操作是符合逻辑标准的，其对象正是思维过程本身。

3.2.2 批判性思维的成分和要素

本书进一步提取了批判性思维内涵涉及的主要要素（见图3.2），包括技能和倾向两个基本成分，以及特征、对象和目标三个基本要素，所有这些共同组成了一个解释性的概念模型。

解读图3.2有两层含义。第一层含义是指三角形内部的两个同心圆分别代表了批判性思维的基本成分——技能与倾向。界定批判性思维的基本成分是传统上定义批判性思维概念的主要工作。学者们当前普遍认同批判性思维至少包括技能和倾向两个维度，它们是构成批判性思维内涵的基本成分。

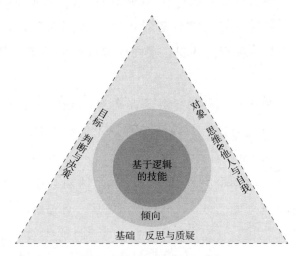

图3.2 批判性思维内涵

从20世纪以来的研究进展可以看出，批判性思维的核心成分以基于逻辑的技能为主。早在20世纪40年代，格拉泽就指出，批判性思维包括深思的态度、逻辑与推理的知识、运用相关方法的技能三个部分（Glaser，1941）。后来，学者们对批判性思维内涵的看法不断窄化，只聚焦于逻辑。随着对批判性思维研究进入第二阶段，又出现了不断拓宽的趋势，如《德尔菲报告》就明确提出了批判性思维包括技能和倾向两个维度，这既承袭了传统，也反映了当时学者的共识。保罗也认为批判性思维包含技能和情感，即它是一种技能，也是一种思维过程，以思维为对象，自我调节的反省认知活动是核心；除此之外，还包括爱好、思维要素、思维理论和思维情感等态度、倾向和心理特征。恩尼斯也强调批判性思维既包括能力，也包括倾向，其中能力维度可以分为六大类十五子类，即聚焦（focus）、推理（reason）、推断（inference）、情境（situation）、澄清（clarify）和概括（overview）（Ennis，1991，2011）。

　　学者们对批判性思维技能所含具体维度的看法有诸多不同意见。根据托马斯和罗克的整理，《德尔菲报告》和费希万提出的定义涵盖了列出的六项具体维度，而且"推断"是得到一致赞同的维度，凸显了批判性思维的逻辑思维特征。之后依次为评估技能、分析技能和自我调控技能，得到一致意见最少的是相对低阶的思维活动（即说明和解释）。在《德尔菲报告》的定义中，说明（interpretation）包括分类（categorization）、解码（decoding significance）、意义澄清（clarifying meaning）等子技能；解释（explanation）包括陈述结果（stating results）、判断过程（justifying procedures）、展示论证（presenting arguments）等子技能；分析（analysis）包括检视观点（examining idea）、辨识论证（identifying arguments）、论证分析（analyzing arguments）等子技能；推断（inference）包括征询证据（querying evidence）、猜测替代者（conjecturing alternatives）、导出结论（drawing conclusions）等子技能；评价（evaluation）包括评估命题（assessing claims）、评估论证（assessing arguments）子技能；自我调控（self-regulation）包括自省（self-examination）、自我纠错（self-correction）子技能（Thomas and Lok，2015）（见表 3.1）。

表 3.1 批判性思维不同定义包含的具体技能维度

提出者	技能维度					
	说明	解释	分析	推断	评价	自我调控
杜威		√		√		√
格拉泽	√	√	√	√		√
斯滕伯格	√		√	√	√	√
布鲁克菲尔德				√		
拜耶			√	√	√	
恩尼斯			√	√	√	
《德尔菲报告》	√	√	√	√	√	√
沙非	√			√	√	
保罗			√	√	√	
弗雷利			√	√	√	
费舍尔等	√			√	√	
比瑟	√	√		√	√	
费舍尔		√		√	√	
沃森和格拉泽	√			√	√	
辛普森等			√	√	√	
费希万	√	√	√	√	√	√

这项研究还总结了 7 位学者自 20 世纪 80 年代以来关于倾向维度的不同看法，尚未发现其中有取得完全一致认同的维度，其中有 6 位学者提及了系统性、分析性、好奇性等维度，5 位学者提及了寻求真理性和元认知。《德尔菲报告》的倾向维度包括求真（truth seeking）、思想开放（open mindedness）、分析性（analyticity）、系统性（systematicity）、自信（self-confidence）、好奇心（inquisitiveness）、成熟（maturity）。恩尼斯在 2011 年提出的批判性思维构成元素中指出，批判性思维倾向（人格特质）包括三大类十三个子类（Ennis，2011）。

总体来看，技能和倾向是批判性思维的核心成分。学者们对其结构内涵的技能维度具有较高的一致性，倾向维度有一定的一致性。

解读图 3.2 第二层含义，图中三角形的三条边分别代表了批判性思维的特征、对象和目的三个基本要素，它们也常常出现在既有的主要定义中。

首先，批判性思维的特征包括反思/反省和质疑。反思承袭了"反省思维"的传统。杜威指出"所谓思维或反省，就是识别我们所尝试的事和所发生的结果之间的关系"，而"思维的最好方式称为反省思维"，是"就某个问题进行反复的、认真的、不断的深思"，具体来说，"是对任何信念或被假定的知识形式，根据其支持理由以及它所指向的进一步的结论，予以能动、持续和细致地思考……包括自觉自愿地尽力在证据和合理性的坚固基础上确立信念"（杜威，2010）。杜威在《我们如何思维》一书中同时使用了批判性思维和反省思维的说法，且更多地使用了后者——从实质上看，两者内涵是一致的（武宏志等，2015：39）——对反省性思维的内涵进行了说明，论述了纯粹经验的缺点，指出反省思维是教育的目的。他辨析了反省思维的四个标准，初步明确了它的结构，还对其三种主要训练形式及其迁移等问题进行了研究。可以说，在以杜威为代表的学者眼中，批判性思维具有反思性的内涵特征。在分析纯粹经验的缺点以及相应的"四个反对"的基础上，他指出了反省思维是教育的目的。就作用或角色而言，他指出反省思维的本质是对假说的系统检验，是一个解决问题的过程，可以称为"科学方法"，能广泛应用于学习过程和日常生活，这就初步区分了反省思维与形式逻辑/语言。同时，杜威继承了密尔和洛克有关思维活动对生活的重要性和思维训练的必要性等思想，认为反省思维使人们的行动具有自觉的目的，可以帮助人们更好地理解事物的意义，具有重要的社会价值，因而积极倡导在学校中开展反省思维教育，在这个意义上批判性思维又是一种"教育方法"。

其次，批判性思维的对象是思维自身。在费希万的定义中，批判性思维的过程是反复的、非直线性的，其对象包括自我和他人（Facione，1990）。保罗等人的理论对此专门进行了强调，提出了关于批判性思维的"强弱理论"，依据对象对批判性思维做出了"强"和"弱"的区分（Paul and Elder，2014）。弱批判性思维仅把批判性思维当成一种维护自己信念和观点的方法，而强批判性思维则主张应用到包括思考者自己观点在内的所有观点中，由此从个体间观念的碰撞提升到对自身观念的评价。当然，这并不意味着要求思考者放弃自己的观点，而是有可能为自己的观点提供更强的基础。强批判性思维突出了对自我的批判，不仅需要广泛的技能性思考，而且需要用同样的规则和标准来评价自己的观点，这样使批判性思维具有了道德特征。由于强批判性思维包括对自我观念的反思，它就不是为了某一个特殊群体或个体的利益，而具有公益性。批判性思维不只是为了维护自我信念或抵制不同观念，更是将追求真理作为其最终目的，以避免成为诡辩的工具。强批判性思维强调对话的作用。保罗认为，强批判性思维者能够从总体上理解和把握事物，认识不同的世界，并与持有不同的世界观和文化背景的人进行对话，因而平等对话是批判性思维的本质特征（Paul and Elder，2014）。这一理论强调自我批判，需要对自己的思维进行评价，因此自我调控技能非常重要。

再次，批判性思维的目标维度强调其作为一种思维方式和过程具有目的性。有目的性是学者的共识，体现在《德尔菲报告》的定义中。目的性的具体内涵有多种解读，有的指向"判断"或形成"评估"，有的则指向问题解决，还有的指向行动。而对思维进行判断和评估是批判性思维最基本的目的，这和问题解决似乎有着包含或从属的关系，如拉塞尔将批判性思维列为问题解决不可缺少的活动之一（Russel，1965）。斯滕伯格等特别从目的的角度理解批判性思维，他认为批判性思维是教育中的重要概念，教育工作者应当鼓励批判性思维（斯滕伯格、威廉姆斯，2012）。他还引用哈珀恩1998年提出的定义区分了批判性思维和不动脑筋的思维（mindless thinking），前者指学生们有意识、有目的地运用思维来解决问题，后者指学生机械地按照常规模式进行思维而没有明确的目的和方向。学生要想精确地理解所学，就需要对知识进行深入思考，理解自己的思维过程以及在这个过程中可能犯的错误。因此元认知——对自己认知加工过程的理解和控制——对学习、记忆和思维都很重要（Moses and Baird，1999）。

上述对批判性思维含义的解读，是本书对批判性思维核心内容的基本认识。由此，本书认为个体的批判性思维是以"有理有据"为基本原则去评估论证、信念或行动的思维品质，具体包括相应的意愿与能力；其中，"有理"主要是指符合逻辑的标准，"有据"指的是要有证据的支撑。

3.3　ITCT 的理论基础

3.3.1　从学习视角探析批判性思维培养

既有的批判性思维培养的不同方法在"教"与"学"上各有侧重。从批判性思维自身的发展理路回顾，相对系统的批判性思维教学理论或方式可归为四类：第一类是以逻辑，特别是非形式逻辑知识体系为主体内容，以讲授、练习或结合通用阅读及写作能力训练为主要方法；第二类是以苏格拉底问答法为代表的师生对话和讨论，强调教师通过适当提问引发学生关注和思考；第三类是以问题解决为主要特点的探究学习，包括基于问题、项目或案例的学习等具体形式；第四类是以学生讨论为主的群组学习，教师的主要作用在于提供适当的材料和情景，创造良好氛围等。这种类型划分与教学理论中对教学方法的常见分类体系非常类似。基于佐藤正夫在《教学原理》一书中将教学方法为归纳三种，姜国钧提出大学教学方法可分为提示型、共同解决问题型和自主解决问题型三类。其中，提示型方法是指教师通过讲授、示范等活动向学生讲授学习内容，学生对此加以接受、理解和内化；共同解决问题型方法是指师生之间通过对话、讨论和协作研究等活动，共同思考、探究和解决问题；自主解决问题型方法强调学生自主、独立和主动地获取知识、解决问题和完善自我，教师更多地为学生自主学习提供支持和帮助（姜国钧，2017）。我们可以从中看出，前述第一类方法可归为提示型，第二和第三类可归为共同解决问题型，第四类可归为自主解决问题型。戴维斯和阿伦德提出了高效能教学的七种方法，明确指出培养批判性、创造性和对话思维主要是基于探究式学习法的教学（戴维斯、阿伦德，2014）。虽然考察批判性思维教学的专家提出了不同的方法，但其中有些部分是基于戴维斯和阿伦德所述的心智模型学习法教学（主要培养解决问题和决策的能力）和群组学习法教学（探究态度、感受和视角）。或者我们可以说，戴维斯和阿伦德是从传统上较为狭义的角度理解批判性思维教学。不过，他们所阐述的不同教学方法恰好也提醒了我们，针对批判性思维的不同维度，要选用有效适用的教学方法。

上述的简要分析提示我们可以从教学理路关照批判性思维的教学方法，在讨论大学的教学与课程时必须把握学习的视角，不能忽视"教"与"学"的辩证关系。

教学本身同时包含了教师的"教"和学生的"学"，两者之间的辩证关系指的是在教育场景中，"教"与"学"构成了矛盾的两个方面，互相依存、互相转化。很多人认为教学活动是双主体的，即教师和学生都具有主体性；还有很多人认为学生是主体、教师是主导。转向学习视角意味着更多地从学习者的角度出发，更加关注"学"。另外，视角转化并不是放弃"教"，而是对长久以来被忽视的"学"的重视，从"学"再认识"教"、更好地"教"。换句话说，意识到矛盾的主要方面是"学"而非"教"，并不等于彻底以主要方面为中心，放弃矛盾的次要方面"教"，尤其在课程情境中。

数十年来，各国教育界都在探索"以教为中心"向"以学为中心"转换的教育教学。学习理论有了长足的发展，教学理论和实践也越来越多地从中汲取营养。学习研究兴盛于20世纪早期，以行为主义研究取向为主导。学者认为，学习是外部环境转化为个体知识的"刺激—反应"过程，并采用非常精简的实验室研究来探索学习的一般规律。与美国机能主义倾向不同，这一时期的欧洲学者很少研究心理活动过程在教育干预下会发生怎样的变化（Resnick，1987），他们更关注心理机能的结构特征，以此了解思维及其他心理活动的内部过程。20 世纪 50 年代中期，学习研究开始从实验室逐渐转向课堂，基于学习理论的教学心理学、教学设计引起了学者的关注。认知主义和建构主义的学习理论渐次兴起，信息论和计算机技术的发展影响并产生了学习的机器隐喻，也使很多研究者更多地关注学习中的社会、文化和个体因素。理论趋势的演进意味着各种具体理论的产生、发展和演变，不同的学习理论基于不同的哲学观念立场，从不同的视角回答学习的共通问题，如：（1）学习的定义，（2）学习内容，（3）学习过程，（4）学习的动机，（5）学习环境，等等。总体而言，学习理论的发展为当今的学习研究奠定了深厚的基础，并为教学理论和实践提供了支持。

20 世纪 90 年代初提出的学习科学是学术界对学习的跨学科研究成果和学者对今后研究趋势展望的集中呈现，它的出现和快速发展体现出对学习的不断重视。传统的主流学习理论显现出"非人"的学习隐喻，例如行为主义更多研究的是"动物是如何学习的"，认知主义主要从"机器是如何学习的"来探索学习，学习科学则明确指出主要问题是"人是如何学习的"（郑旭东、王美倩，2017），批判地继承了 20 世纪以来以教育心理学为主要基础的学习理论。

伴随理论发展，教育教学的实践也越来越提倡"以学生为中心"。如《国家中长期教育改革和发展规划纲要》中明确指出，人才的培养要以能力为重，以培养学习能力为先。新课标中强调，要"充分发挥教师和学生的主观能动性"，即发挥教师的主导作用，尊重学生的主体地位。

教育教学中对"学"和"学习者"的日益重视提醒我们在研究批判性思维培养时，不应当忽视"学习"的视角。既有的批判性思维培养模式虽然很多是从批判性思维概念、内容或教师讲授方法等角度出发，具有"知识中心"或"教师中心"的特点，但也不乏越来越多的学者关注批判性思维的学习。本书认为，从学习的视角讨论批判性思维，不可避免地要从学习的基本问题出发去检视批判性思维的培养，这也构成了本书教学模式的理论基础。

学习的基本问题一般包括学习内涵、学习内容、学习过程、学习动机和学习环境等，各种学习理论的差异就体现在对这些基本问题的不同回答上。伊列雷斯进一步将这些基本问题浓缩为内容、动机和互动三个维度，认为所有学习都包含这三个维度，要想充分理解和分析学习情境，就必须始终顾及它们（伊列雷斯，2014：26），学习过程也总会表现出这些维度，因此一个综合性的学习理论必须包含三者及其关系。基于此框架，他对主要的学习理论进行了总结，根据不同学者的主要立场，将他们置于学习内容、学习动机和学习互动三个维度所构成的学习张力领域中的不同位置（伊列雷斯，2014：275-277）。

3.3.2 从内容维度看批判性思维的教与学

根据对批判性思维概念内涵的梳理和总结，可以看出，学者普遍认为批判性思维不仅指思维"技能"，还包括"倾向"乃至行为和价值观等内容。批判性思维内涵的多层面特征必然映射出它作为学习内容/对象时的广泛性。传统上的学习内容主要被视为知识、技能及态度等，但越来越多的观点认为学习内容还涉及意见、理解、洞察、意义和资质等方面，伊列雷斯甚至指出还应包括文化获得、工作方法、"学会学习"、个体素质、反思、自我理解等更广泛的内容（伊列雷斯，2014）。值得注意的是，与诸多批判性思维理论和教学模式对批判性思维的多元理解不同，学习理论专家在其论述中通常将批判性思维视为单一维度的概念。因此，本书从学习内容的宽泛含义出发，探析批判性思维作为学习对象的多样性特征。

我们从诸多冠名为批判性思维的课程或教材中可以发现，以非形式逻辑为主要内容的批判性思维课程首先传递的是以非形式逻辑为主的知识体系，既有逻辑术语、概念、原则、理论等陈述性知识，又有运用时"知如何"做"事"的程序性知识（安德森，2008）。对标修订后的布鲁姆知识目标维度类目，程序性知识还包括"决定何时运用适当程序的标准的知识"。这类课程突出了批判性思维的思维成分与认知过程等要素，在教学方法上侧重讲授或练习，呼应了对学习内容的传统理解，即不外乎知识、技能乃至态度（Jarvis，1987：54）。正如加涅理论中的核心概念"性能"（capabilities），即人类习得的技能知识、态度和价值观，是学习的结果（格莱德勒，2007）。加涅将学习结果分为智慧技能、认知策略、言语信息、态度和动作技能五类，认为其通过性能的习得而产生，意味着学习者的记忆存储在教学条件的促进下发生了变化。

但我们也不能忽视批判性思维内涵中的其他内容。例如，以"反思"为基础的特征可对标布鲁姆知识目标维度类目中的"反省认知知识"，是将"反省认知"作为知识的第四维度进行反复讨论（安德森，2008：39）。它一般指"关于认知的知识，也指个人对自身的意识和知识"，强调学生对自己的知识和思维有更多的意识、负更多的责任，这恰好是保罗理论中强批判性思维的诉求。学者大多认为，个体对自己的知识和思维的了解与意识会随着心理发展而更加清晰，当个体作用于此种意识时，能够学习得更好——这种发展倾向在不同理论中被称为自我意识、自我反思、自我调节等（安德森，2008：50），此处的自我调节和批判性思维内涵是有交叉的。具体来看，其中的"策略性知识"就是关于学习、思维和解决问题的一般性策略知识，体现了批判性思维的跨学科性质，而从学习理论和学习科学的角度来看，是否存在跨学科的批判性思维似乎并不是一个问题。批判性思维与其他两种亚类——条件性知识和自我知识，也是紧密相关的。

上述对批判性思维作为学习内容的理解，呼应了关于学习内容的新看法。现今对学习内容的界定更为宽泛，具体就是布鲁克菲尔德所说的"批判性思维"或"批判性反思"，是转换学习（transformational learning）发生的必要条件（而非充分条件）。当然，有的学者认为"反思"和"元认知"都指向一种"自反性"的意涵。因此，对于非逻辑专业的学习者而言，作为学习对象的批判性思维既可以是知识体系（陈述性知识）、技能（程序性知识），又可以是反省认知知识（元认知知识），还可以是更宽泛意义上的学习内容，这恰好呼应了"一种对理解、追随和批判性地联系我们周边世界的准备性"，以及"将理解自我作为一种做出有意义决定的先决条件，而且由此在某种程度上，参与到管理自己的生活历程中去"（布鲁克菲尔德，2017：65-67）。这种"反思性"或"自反性"是今天多样性和变革性社会中学习的重要内容，即便它们尚没有清晰定义，只是呈现出一些方向，但批判性思维仍涵盖了学习内容的多个维度。

学习内容的定位将影响方法的选择。知识和技能更多的是讲授和练习（这两种取向强调的是行为改变和认知发展），而反思性的内容更强调学习和内化，更需要考虑学习者的特征，强调情境认知，作为情感和价值的习得更非简单地讲授就能够传递。不同的教学特征映射出批判性思维的不同维度，具体体现在教师的内容取舍和教学实施中，体现了他们对批判性思维的具体理解。

3.3.3 从动机维度看批判性思维的教与学

在内容维度之外，学习过程还包括广义上的动机维度。伊列雷斯认为，一个充分的学习理论必须将自己的关注点涵盖到作为整体的人，既包括理性和主体性的内容，也包括动机和情绪等方面，尤其还要关注它们之间的互动（伊列雷斯，2014：80）。人们一般在讨论动机时多是说情绪和情感，它们和学习环境紧密相连；广义地看，动机还包括目的、意志与态度，关系到内容和情境。动机是唤起、引导和维持行为的一种内部状态（斯滕伯格、威廉姆斯，2012）。作为态度和动力性因素，可以从更广泛的视角看待批判性思维。

如果意识到某种情况能够有助于激起学习动机的话，那么很多批判性思维教学模式都会加以考虑。几乎所有冠名为批判性思维的教材或著作都有专门的段落或章节来论述批判性思维的重要性。布鲁克菲尔德指出，学生在初学批判性思维时，由于不清楚所学内容的意义，可能产生兴奋与期待，因此教师要尽可能地设计最好的案例，帮助学生认识到批判性思维的重要性，为初次教学打好基础。具体地说，不只是简单地讲述批判性思维如何重要，还要通过介绍"抵触者"、真实案例研究、模拟、教师示范和创设适当的奖励机制等方法，创设"情境"去激发学习者的动机（布鲁克菲尔德，2017：74-75）。

　　这些方法的一个主要共同点是强调和学生的"连结"。例如介绍"抵触者"的活动就是邀请往期课程中一开始有抵触态度的学生到新的课上向新生分享自己是如何发现课程意义，又是如何从抵触转变为接受并坚持学习的，这种来自学生自身的体验更容易让其他学习者产生共鸣。又如"教师示范"是布鲁克菲尔德一直都很强调的做法，要求教师直接在学生面前示范如何对材料进行批判性思考，通过具体的事例告诉学习者批判性思维的重要性，比空洞的说教更有效果（他自己在书中也是这样做的）（布鲁克菲尔德，2017：55）。在批判性思维的教学活动中，很多学者都强调具体经验的重要性，认为和学习者的真实情景、具体经验相结合的教学活动更有成效，这充分体现出"连结"是激发动机的重要路径。

　　此外，批判性思维教学中起到联结作用的情境往往也具有"冲突"的特点。伊列雷斯认为，无论动机的种类如何，由混乱和冲突引发的动机体现了学习者意识到了学习的意义，这是学习动力因素的重要方面（伊列雷斯，2014）。贾维斯用"分裂"（disjunction）来表述所有发生了转化过程之学习的出发点。马济洛则提出了"困境迷惑"的概念，描述了人们面对意外发生的境况而改变自己想当然的看法，它导致人们重新思考自己的意义图式和意义视角。学习者在批判性思维的学习中一般都会接触到大量隐含冲突的案例或挑战自己既有经验的情境，可见批判性思维的学习天然具备激发学习者动机的需要和特点。这符合适当挑战促进人们学习的观点，例如在学习伙伴（partnership）的模型中，挑战就是重要的组成部分。

　　我们进一步发现，批判性思维本身也内含有动机的意涵。具体地看，所谓批判性倾向指向的是态度、习惯等心理特征，是个体运用批判性思维技能的动力因素。由此，对批判性思维倾向成分的学习也可以说是如何让学习者能够不断地激发和维持这种思维形式。伯莱因（Berlyne）就将好奇心视为学习动机，挑战性的经验会"唤醒"个体的好奇心，或者在知觉意义上导向个体的探索行为，或者在概念意义上导向个体寻求回应和解答。好奇心正是批判性思维倾向的维度之一。从动机的角度解读批判性思维倾向，相应的批判性思维技能更多地体现为认知能力，两者的关系也呼应了学习动机和学习内容的互动。

本节从学习动机的角度检视批判性思维，发现批判性思维教学必然要激发学习者的动机。很多教学模式都认为要强调批判性思维的重要性，其方法具有"连结"和"挑战"的功能，有助于动机的建立。更为根本的是，可以从动机的角度来解读批判性思维倾向。所以，批判性思维的学习并不仅是内容上的（更多指向认知上的能力），还天然地包括动机的引发和维持；动机不只是外在于学习目标的动力因素，也内含于学习目标之中。批判性思维不同成分间的关系亦体现了学习内容和学习动机的互动关系。批判性思维的有效学习不是个体短暂的和偶然的兴趣，应内化于个体之中，转变为一种持续的动力。

3.3.4　从互动维度看批判性思维的教与学

学习过程中的互动维度强调了学习的情境性，即学习总是发生在一定的情境中，学习者和周围的环境会发生关系。伊列雷斯指出，学习情境不仅影响学习，也是学习的一部分，它具有社会和人际交往的特性，通过学习者们的互动，成为学习不可或缺的部分（伊列雷斯，2014：102、131）。值得注意的是，伊列雷斯在分析互动维度时将环境整体地视为框架，归纳了六种典型的互动形态，体现了学习者参与程度的差异。

从互动的主体来看，教学中互动的首要形式是师生互动。缺少师生间互动的教学常被称为独白式教学，指的是教师向学生的单向传递。与此相反，对话式教学以主体间性为特征，通过师生交互完成个体意义上的知识建构。"讲授—训练"的批判性思维教学模式多是独白式的，而基于对话的探究模式毫无疑问就是对话式的。在这种模式下，教师的作用主要在于启发和示范，学习者则相应更多地通过体验和模仿进行学习。

学生和学生之间的互动（生生互动）是教学中另一个重要的互动。批判性思维教学实践中大量采用讨论法，或者是面向问题解决的探究模式（指向心智模型），或者是社会学习模式（指向态度与视角）。布鲁克菲尔德系统分析了生生互动对批判性思维学习的好处，学习者除了模仿，还会通过活动与参与等互动形式进行学习。从对话的角度来看，生生互动其实也是学习者之间的对话。师生对话和生生对话都是学习者与他人的对话，是不同主体间的互动（布鲁克菲尔德，2017：51-54）。

从广义的对话视角进一步看，学习活动也包括学习者和客观世界的对话以及学习者和自我的对话。回顾批判性思维关于信息处理和自我反思等不同层次的内涵，可以推出批判性思维的学习也需要内在的对话，要求学习者和环境中的各类对象进行互动。

另外，从作为整体框架的情境来考虑学习中的互动维度，学习情境性体现为学习中潜在的社会情境，学习反映了可能的人际条件和社会意涵，并常常通过相冲突的过程促进学习者的社会化。学习者在互动中参与越多、投入越多，学习的可能性就越大。从情境观下的学习指向到参与实践共同体之中，学习是学习者共同参与和创设的过程，学习者通过参与和行动而发生改变，以此获得自身的身份（Wenger，1998）。对教学来说，学习共同体意味着参与者的社会结构在课堂上发生了改变，即更多地强调通过师生合作来实现学习目标，甚至目标也可以由师生共同确定。学生必须意识到自己在共同体中的作用和责任，这构成了讨论式学习或群组学习的基础，而批判性思维的社会学习模式也必然对这种基于共同体参与者的社会结构有所要求。同时，学习者在情境学习中重构身份，也为我们理解保罗等学者提出的公平的批判性思维者等概念提供了学习理论的视角。

3.3.5　ITCT 的理论层模型

基于学习内容、动机和互动三个维度综合考察批判性思维，结合前文提出的批判性思维内涵的多层次内核，本书建构了 ITCT 教学模式的理论层模型。从考察内容维度可知批判性思维内涵的多元性表现为学习内容的丰富性，具体的教学实践对此要加以注意和有所选择。批判性思维是一种综合的学习对象，所具有的自反性含义与特征和当前学习领域的一些重要倡议不谋而合。批判性思维的内容学习本身也蕴含有动机与互动的必然要求，反映了其多层成分的不同特征。对动机维度的探究提示我们，批判性思维的学习要理解其目的、意义和价值，既有的教学模式中常常利用联结或制造冲突等策略来帮助学习者提高。此外，批判性思维作为学习内容本身也内含着动机因素的培育。一方面，其倾向成分为技能发展提供了动力；另一方面，学习者对批判性思维内涵中目的维度的理解也直接有助于相关动机的建立。因此，想取得批判性思维培养的长期效果，就要建立持续的动力机制。本书还从主体形式和基于社会情境观的背景考察了批判性思维学习的互动维度。主体方面除了师生对话，还要特别重视生生互动和同伴学习的作用；社会情境观方面意味着基于批判性思维的师生对话和生生对话很可能指向基于批判性思维的学习共同体。

通过学习的三个基本维度对批判性思维的检视，本书提炼出探究、对话和情境化三个关键要素。探究和对话取向的批判性思维教学方法在具体操作上体现了批判性思维中基于逻辑的技能运用，探究蕴含着批判性思维的动力来源，对话则代表了作为发展批判性思维有效途径的互动特征，而情境化作为代表性教学策略的特点，从学习的角度来看具有动机和互动的双重意蕴。

这三个关键要素在批判性思维教学的主要模式中都有体现。例如，保罗提出的聚焦批判性思维的苏格拉底诘问法被视为探究的代表性方法，实质是通过师生对话，特别是师问生答来引导学习者对思维要素和理智标准的理解与掌握（Paul，2012）。这一模式提出了即兴的、探索的和聚焦的三种不同类型的提问方式：（1）即兴式提问：未计划的、根据参与者回答即时反应的，如询问例子、理由、证据，提出反例，询问其他人是否同意，指出类似的例子，提供类比，询问对立视角，对参与者的回答进行准确扼要的复述等。（2）探索式提问：一般在某个阶段开始时提出，以了解学生对某个问题的认识程度，包括对一类现象、一个术语的描述性提问等，例如，对"教育"这个概念的探索式提问可以是：什么是教育？教育、灌输、社会化、培训之间的区别是什么？（3）聚焦式提问：大部分教学聚焦在特定议题或内容上，如深度挖掘某个概念，对思考或观点进行澄清、分类、分析和评估，从未知中区分已知，对相关的事实加以综合，建构知识。提问者需要对讨论预先加以思考（这类提问是可以预先准备的）：对议题的不同视角，结论的基础，问题的概念、影响和后果等。保罗认为，批判性思维的培养应与专业课程相结合，运用对话教学，在课堂上训练学生的批判性思维技能的同时，培养谦逊、坚持、自治、勇气、自信等品德（刘义，2014：42）。该方法还包括一些具体的提问策略：（1）提问者对参与者行为进行出声思考式反馈；（2）给参与者足够的时间思考和组织答案；（3）提问者在讨论过程中进行阶段性小结，如哪些问题讨论过了，哪些还没有讨论；（4）提问者要确保对所有"参与"都有所应对；（5）提醒参与者从不同的角度思考问题，等等。

上述方法主要强调的是通过问答方式来引导学习者体会思维上的探究，其着眼于如何通过活动的形式与规则来激励参与者之间的对话。布鲁克菲尔德等就认为讨论是培养学生批判性思维的一种有效办法，还提出了若干种组织小组讨论的方法（Brookfield and Preskill，2005）。例如，（1）情境分析（scenario analysis）是最主要的方法之一，教师让学习者组成讨论小组，向他们提供一个情境/场景（scenario），并请学习者辨识：情境中主要角色所持假设（assumption）；场景中的人物可以用什么方法搜集信息来检视这些假设；在不同的假设下，解释场景的不同途径。这种方法不需要参与者分析自己的处境和决策，适合初学者。（2）声音之轮（circle of voices）是由每 5 位学生组成一个小组，教师首先向每个小组提出需讨论的问题，学习者有 3 分钟思考时间；接下来，小组中的每个人 1 分钟轮流发言；所有人发言完毕后，进入第二轮开放讨论，规则是只允许谈论组内其他成员在第一轮发言中分享的观点，也可以要求其他成员对刚才的发言加以澄清。（3）回应之环（circular response）适合 10 人左右的讨论组，也包括两轮讨论。第一位发言者至多有 1 分钟的时间回应讨论议题，回应期间不能被打断；而后下一位发言者在自己的发言中必须提及且回应前一位发言者的一些内容，包括赞同、反对或提出其他的一些思考均可，再以此为"跳板"（springboard）开始阐述自己的观点；每一位成员发言完毕后进入第二轮自由讨论。此方法的重点是保持安静，每一位参与者在近距离的倾听中可以体会到自己在讨论中的贡献。（4）粉笔之语（chalk-talk）中，教师在黑板上写下讨论的话题，并向大家说明这是一场安静的活动。学生做好准备后可以随时在黑板上写下自己的回应、对其他人的提问和回答，或者在不同的注解上画上连线。活动中可能有大量的暂停或安静时间，整个练习一般可持续 10 分钟。这种方法提供了基于视觉的反思，有助于在短时间内呈现大量观点，而且避免了少数学生在讨论中的主导倾向。

3.4　ITCT 的设计原型

大学具有多样的学生教育路径和方式，本书关注的是其中最基本的途径—课程（curriculum），是以培养目标为依据，以科目和教学活动为表现形态而进行的规划、实施和习得的过程及其结果，也可以说是学习的进程—讨论如何将批判性思维的学习整合到已有的课程中。

3.4.1　基于学习活动的教学设计

本书选用教学设计作为理论剖析转向课程实践的中介工具。虽然

"教学设计"（instruction design）从英文表述上看似乎偏重于"教"，但其内涵基础实则强调的是学习，以教促学；在中文表述中，"教学"在一般意义上偏重"教"，但仔细揣摩会发现其也涵盖着"教"与"学"的辩证关系和师生的对立统一。简言之，这一术语表面上看是在说"教"，实质秉持了"学"的视角，这明确地体现在"教学设计"的学术内涵中。

　　一般而言，教学设计指的是将教与学的相关原理转化成为教学材料和教学活动方案的系统化过程（顾明远，2013）。这一定义与史密斯和雷根的看法类似，他们认为教学设计是指"把学习与教学原理转化成对于教学材料、活动、信息资源和评价的规划这一系统的、反思性的过程"（史密斯、雷根，2008）。加涅等将教学定义为"一系列嵌入有目的的活动，通过促进学习而影响学习者的事件"；相应地，教学设计就是"对教学进行计划，以使学生参与到那些促进学习的事件和活动中"，或者说是计划"教学系统"——促进学习资源和步骤安排——的系统过程，从而提升教学的效果（加涅等，2007）。梅瑞尔等人在《教学设计新宣言》中提出，教学设计的目的是创设和开发促进学生掌握这些知识技能的学习经验和学习环境，其中强调了"目的"，划定了教学设计的内容和范围（Merrill et al.，1996）。乌美娜提出，教学设计是运用系统方法分析教学问题、确定教学目标、建立和试行解决教学问题的策略方案、评价试行之结果以及对方案加以调整修改的过程，突出了系统论，侧重于"教"（乌美娜，1994）。何克抗等从系统论的角度进行定义，认为教学设计"主要是运用系统方法，将学习理论与教学理论的原理转换成对教学目标、教学内容、教学方法和教学策略、教学评价等环节进行具体计划、创设教与学的系统'过程'和'程序'"，这一定义强调其根本目的在于"促进学习者的学习"（何克抗等，2002）。杨开城则认为教学设计的定义不应偏向某种特定的理论，应具有一定的概括性和包容性：为了解决某种教学问题而进行的教学问题分析、教学目标确定、教学方案设计以及对教学方案的评价和修改等操作的总和，这一系列操作的最后结果是建造一个能满足要求的教学系统（杨开城，2010）。

不同教学设计模型在其具体内容上虽各有不同，但也有一定的共识或相近之处。第一，上述列举之大部分定义都考虑到了教与学的辩证关系。如威尔逊认为设计者的作用是"设计一系列的经验——交互、环境或产品，其目的是帮助学生有效地学习"（加涅等，2007）。

第二，上述列举都体现了明显的系统论观念。系统论将整体视为由若干相互作用、相互依赖之组成部分的有机结合，具有特定功能。构成成分称为要素，要素之间的相互关系称为结构，系统结构决定了系统功能。上述诸多关于教学设计的观点反映了系统论的思想，明确或潜在地将教学视为系统，从成分、结构、关系等角度做出相应的界定。

第三，大多数教学设计的系统模型都具有类似成分，但每个阶段上的具体数目及其图形表征有较大差别（加涅等，2007）。不同的教学设计模型最终都要回答三个基本问题，即确定"我们要到哪里去""我们如何到达那里""我们怎样知道已到达那里"（Mager，1984）。对此，史密斯和雷根提出了教学设计者在设计和开发过程中需要完成的三项主要活动：实施教学分析、开发教学策略、开发和实施评价（史密斯、雷根，2008）。加涅等人提出了 ADDIE 模型（加涅等，2007）。迪克等人提出的系统化教学设计包括十个成分，其中确定教学目标、进行教学分析、分析学习者与情境和书写行为表现目标等成分主要回答前述问题一，开发教学策略、开发和选择教学材料、修改教学等成分主要回答前述问题二，设计和实施教学的形成性评价、设计和实施总结性评价等主要回答前述问题三（迪克等，2007）。与史密斯和雷根对教学策略的具体理解不同，系统化教学设计框架中的教学策略涵盖了传输系统的选择、对教学内容进行排序和分类、描述教学中的学习成分、课程结构的确认、教学传输媒体的选择等方面（迪克等，2007）。上述几种经典模型呈现了一种"线性+循环"的思路。余胜泉等提出的建构主义教学设计模式主要包括构建学习资源、认知工具和自主学习策略等内容（余胜泉等，2000）。杨开城认为常见的教学模式多是对系统论的翻版，过于宏观，无法反映具体的学习观和教学观倾向。他借鉴活动理论，提出了以学习活动为中心的教学设计模式，认为这种微观的教学设计模式可以反映出具体的理念倾向。他主张采用"活动"作为描述教学系统的基本概念，指出教学系统由学习活动构成，学习活动是教学设计的基本单位，学习活动的核心要素是活动的任务，其与教学目标构成了直接但并非全部的因果联系（杨开城，2005）。

　　这种以学习活动为中心的教学设计理论称为活动理论。活动理论在维果茨基的文化—历史心理学理论基础上，由列昂捷夫在 20 世纪 40 年代明确提出，并在近几十年有了新的发展。活动理论认为，人类活动是人与形成社会和物理环境的事物以及社会和物理环境所造就的事物之间的双向交互过程，包括主体、客体、群体、工具、规则和劳动分工六大要素。具体地说，人类任何活动都是指向客体的，并通过工具作为媒介来完成（杨开城，2005）。基于活动理论对教—学系统的考察，可以认为教—学就是一种具有特定目的的人类活动（杨开城，2005）。相应地，可以将学习活动定义为以达到特定学习目标而进行的教师与学生操作的总和，学习活动中的诸种要素通过活动任务与学习目标建立联系（杨开城，2005）。在抽象意义层面，教学可从活动的角度被整体性地解读；在具体的微观层面，我们可以将教学视为不同学习活动组成的序列，是师生之间有组织的共同活动，学生成功地完成活动任务意味着学习目标的达成。换句话说，教学系统是由若干具体的学习活动构成，以学习活动为中心的教学设计应该对学习活动进行专门设计，而后组合成课程。

　　基于学习活动的教学设计理论，为本模型课程干预的设计提供了意义独特的视角。思维发展的特点决定了需要长期和大量的课程，综合化的批判性思维教学是必然路径；但在现有客观条件的限制下，学校大多缺乏相应的师资力量，很难开设充足的专门课程。基于学习活动的教学设计对本模型的启发在于，批判性思维培养的综合化既包括宏观层面上从培养计划或课程体系方面进行课程开发与融合，也包括深入课程内部，从更为微观和具体的课程环节层面探讨批判性思维的整合。本书以学习活动作为所提出的设计原型的基本单位和核心对象，构建出基于学习视角的批判性思维课程整合的设计原型。

3.4.2　ITCT 的原型层模型

基于前节提出的理论层模型，参考教学设计的理念和一般原则，本书提出了以学为主的批判性思维整合式课程模式的设计原型。这里所谓的"原型"（prototype），一般是指一个产品（product）的初期版本或模型，该产品的用途包括测试某个概念或过程、进一步复制或探索新问题（Blackwell et al., 2015）。"原型"这一术语的应用领域很广，如语义学（semantics）、设计、电子和软件编程等。研究者或开发人员一般使用原型，通过系统分析和用户使用，对一个新的设计进行评估，从而提升其准确性（Gero, 1990）。

如图 3.1 最外圈层所示，该模型是在"理论层"的基础上加以扩展，参考教学设计的一般方法，增加了目标、大纲和学习活动三个设计元素。该原型主要回答教学设计的两个基本问题："要到哪里去""如何到达那里"，而第三个评价问题和原型具体化操作关系密切，故将在后序章节中加以讨论。

首先，设计的出发点为课程目标，是指在课程目标中对批判性思维进行整合与细化。教学设计非常重视目标，一般都以教学目标为核心。加涅等人认为，教学设计的出发点是有目的的学习，而非偶然的学习，这意味着最终的目标和预期的学习结果指导着学习活动的设计与选择。确定学习结果可以使管理者、教师、父母和学生对教学意图形成直观感受，还有助于识别学习活动成功所需的知识与技能假设（加涅等，2007）。迪克等人指出，确定教学目标（instructional goal）或许是教学设计过程中最关键的工作。教学目标是教学设计的出发点与落脚点，教师或教学设计者所要完成的第一项工作就是确定"要到哪里去"（迪克等，2007）。

对于大部分教师的日常教学实践而言，确定一门课程的教学目标并不难，他们通常会依据课程内容和对学生的了解等若干经验建构自己的教学目标。有些教师的教学目标是潜在和隐性的，不需要明确地表述出来；有些教师会根据学校教务管理部门的要求，在编写教案时用日常语言简单陈述教学目标，或许是深思熟虑的结果，或许是为了完成任务。与此不同的是，在教学设计的专业知识体系中，确定教学目标是一项专业工作，包括了教学分析、内容分析、需求分析、学习者分析、目标的澄清和精确表述等诸多专门环节。在此意义上，创设良好的、有意义的目标有时又并非易事。大部分教师如果按照教学设计专业的要求进行教学实践，显然会增加工作量和复杂程度，在实际教学工作中也不现实。鉴于此，教师在实际教学中首先要明确分析教学目标的最主要工作是厘清教学目标的真正含义，将笼统的目的转化成逐渐具体的目标，并用简洁清晰的方式加以表述。

另外，设定教学目标在一定程度上还需要明确具体表述的准确性。假设将学习结果处理作为具体的学习目标，传统上存在着基于信息论的教学设计模型和建构主义设计模型间的争议（Wilson，1997）。如果教学聚焦于学生的行为表现，那么教学设计就需要考虑引出学生何种行为表现，这也就需要清晰明确地描述出预期的表现性结果。换句话说，表现性目标就是教师/教学设计者对"经过教学之后学习者将能够做哪些他们以前不会做的事"等问题的回答，并向相关人员传递课程定位等信息，为教学活动的开展与评价提供基础。但建构主义者认为目标只能部分表征所知道的，教学进展的目标是逐渐发展的，学生也是确定目标的参与者。加涅等人认为，这两种方法都是达到目的的手段，无论是更为确定的学习环境，还是旨在帮助学生建构知识和技能的学习环境，都是可以设计出来的——必须考虑学习目标，才能够更好地进行设计，以实现有目的学习（加涅等，2007）。

要想在课程的教学设计中整合批判性思维，基础的工作就是将批判性思维与原有的课程目标进行有机融合，而后加以简洁清晰的表述。为此，在进行教学设计时，首先要明确课程的原有目标，其次厘清批判性思维的内涵，最后确认需要整合课程的批判性思维要素。

如前所述，批判性思维内涵是多层次的，要将所有要素都确认为某一门课程的目标并不现实，也不具可行性。以往常见的列举法只会简单地在课程上列出一条目标"培养学生的批判性思维"，使批判性思维的培养目标与课程割裂开来，无法真正融合到课程内容中，可操作性弱。鉴于此，教学设计就需要综合考虑课程本身的目标和教学分析，结合课程受众学习者的特点，结合教师对批判性思维的理解，明确课程聚焦于批判性思维的哪些要素。继而以此为基础，将选择的要素和课程原有的目标有机整合并进行简洁描述。

其次，在既有进程安排的基础上，体现批判性思维学习的节奏。准备教案是日常教学工作的基础性工作，编写教学大纲是对课程安排的具体体现。从教学设计的角度看，教学大纲显示了一门课程的主要内容及其次序与时间安排，良好的教学大纲可以让师生把握或体会一门课程的节奏。将批判性思维培养整合进课程就要考虑课程的既有节奏，然后根据课程所确认的批判性思维的具体目标及其各个要素之间的次序关系，与课程的既有节奏有机结合，使批判性思维的教学能够循序渐进、层层递进。

在前两者的基础上，创设批判性思维的学习活动。课程是由若干学习活动序列所构成，它们依据大纲组合，指向课程的目标。批判性思维在学习活动上的融合主要包括调整或改造既有的学习活动和增加新的学习活动等方法。

调整既有的学习活动。大多数课程中的学习活动一般都包括讲授、练习与作业等，近来还出现了越来越多的课堂讨论、小组合作任务等。对这些学习活动加以批判性思维之调整，本书文献综述部分已介绍了大量相关技巧、技术和策略，教师可在澄清自己对批判性思维的理解和课程选择的基础上，借鉴这些技巧、技术或策略，用于原有的教学或任务安排。

增加新的学习活动。这里主要指根据课程需要增加一些专门聚焦于批判性思维的学习模块，如批判性思维理念或基本方法的讲授、围绕批判性思维的练习、体验批判性思考的讨论等，可以作为相对独立的模块，嵌入到原有的学习活动序列中。在具体的材料选择、内容范围和任务设计上，可以较多使用作为载体的学科课程之专业材料。

无论是对既有学习活动的调整，还是新增专门的批判性思维学习活动，都需要从对话、探究、情境化等要素的角度加以深入考虑，这将在下一章"应用层"中进行具体介绍。

本章讨论了教育的"学习"视角转变，并以此检视了主要的批判性思维培养理论，提出了 ITCT 的理论层模型和设计原型。该模型面向一般的通识课程或学科课程，以模块化思路为批判性思维整合课程的解决方案。模型围绕批判性思维的多元内涵，结合课程目标与大纲进程的特点，综合运用对话、探究和情境化等方法，通过创设或调整指向批判性思维的学习活动，营造出能激励学生批判性思维发展、与既有课程框架相整合的课程学习环境。

第 4 章
整合式批判性思维教学模式的实践探索

本书提出了整合式批判性思维教学模式的理论框架和设计原型。本模式面向大学通识课程或学科课程，以模块化设计思路作为课程整合式批判性思维培养的解决方案。具体地说，本模式的设计原型围绕批判性思维的多元内含，结合课程目标与大纲进程，综合运用对话、探究和情境化等方法，通过创设指向批判性思维的学习活动，营造出既可以激励学生批判性思维发展，又可以与既有课程框架相整合的课程学习环境。

基于这一理论框架与设计原型，本章将结合案例课的实际情境，阐述 ITCT 的具体设计（即"应用层"模型）和实施情况。本书选取 T 大学 2017 年秋季学期本科生文化素质基础读写课"大学精神之源流"为案例，在 ITCT 设计原型的基础上，结合课程情境进行具体设计，分筹备、两阶段迭代和收尾等环节开展。该课程的选课学生大部分为工科生，课程以"大班授课+小班讨论"为组织形式，除了主讲教师大班课集体面授外，还将选课学生分为 14 个讨论小班，分别由 2 位教师和 12 位研究生助教负责教学。笔者参与了该学期的课程整体设计，负责协调其中 6 个小班的具体课程设计与教学支持。相对应地，本书将笔者负责的 6 个小班命名为 A 组，在学习活动层面参考 ITCT 进行直接干预，亦可称为干预组。另外 6 个助教小班组成 B 组，教师小班组成 C 组，可视为对照组。

本章第一节概述研究实施安排和模型应用的具体设计；第二节介绍第一阶段各小班的教学情况；第三节介绍第二阶段的迭代调整和教学情况，对 ITCT 模式干预课程的具体运用进行说明。

4.1　ITCT 应用实施的总体安排

4.1.1　案例课程概况

本研究的案例课程是 T 大学 2017 年秋季学期本科生文化素质基础读写课"大学精神之源流"，该课程也是本科生的基础读写课。T 大学以文化素质课为实施通识教育的主要途径之一，自 2006 年开始实施的本科生文化素质教育课程方案，要求学生选修文化素质课，计 13 学分，其中至少有 4 学分应该是文化素质核心课程。该类课程旨在让全体学生建立共同的知识基础和价值体系，具有名师授课、小班辅导、经典阅读和深度学习等特征。基础读写课的目的在于帮助本科生学会论述型和学术型写作，尽快改变高中作文的写作思维定式。

在本研究开展前，此课程已经过 4 年多的持续创新实践，对其基本定位、目标和主要内容都有详细说明："本课程为基础读写课，旨在通过系列高强度的阅读与写作训练，鼓励同学们针对问题进行深度思考与探究，强化同学们搜集、提取并总结信息的能力，进一步提高写作水平。课程内容主要包括：世界与中国传统大学的发展历史、大学的精神制度与文化、古今中外大学教育的多种形式、大学历史中著名高等教育家的经典论述。课程目标是通过一学期的课程，学生能够：（1）习得对'大学'的启发与哲学思考，培养提出问题的能力和习惯；（2）适应大学学习与生活，学会初步的阅读、写作、表达与团体合作；（3）形成对大学时光的价值判断，拥有自信心、自觉性、计划性和主动性；（4）通过师长授课、朋辈学习、自主 MOOC 等多种学习方式，培养学习能力。"

经过多年探索，课程形式已相对稳定。课程围绕"大学精神"及其历史源流这一主题，提供在线教学视频资源，推荐相关阅读书目，通过教师导读、小班课的同学讨论等活动，引导学生学习和思考相关问题。课程主要包括大班课、MOOC 在线学习和小班讨论三个部分。以2016 年秋季课程为例，学生在"学堂在线"平台上学习配套的"大学历史与文化"MOOC，自主观看视频并完成测试题目，这部分覆盖了本课程的基础知识；授课教师组织若干面向全体选课学生的专题面授，深入讲解特定主题；同时，学生约 10 人组成固定讨论小班，全学期参加12 次小班讨论。一部分小班由不同教师分别负责教学，具体内容由责任教师自行安排；另一部分小班配有专门的助教负责组织基于阅读的讨论与合作学习，12 次小班讨论包括：（1）1 次导入课，内容为团队建立、课程规则介绍和信息素养基础知识等；（2）8 次读书讨论，要求学生在阅读必读书后进行讨论；（3）2 次小组作业口头报告，分别是期中的选题报告和期末的成果展示报告；（4）1 次期末总结。

本课程是 T 大学的一门通识教育课，课程目标集中体现了通识课程培养学生通用能力的诉求；以大一新生为主要对象，以小班讨论为主要组成部分，力求具体落实课程目标。这样的定位与特点是本研究选择该课程作为案例的主要原因。第一，该课程的部分教学目标涉及批判性思维方面的内容，教学目标认同批判性思维，授课教师认可本研究。第二，该课程采用"大班授课+小班讨论"的形式，为本研究的 ITCT 模式应用提供了一个多样化情境。第三，本课程倡导朋辈学习，通过小班讨论的形式促进同学之间、同学和助教之间的交流与互相学习，这一理念和本书提出的理论模型中关于批判性思维教学关键要素的考虑较为一致。

4.1.2 ITCT 在案例课程中的应用设计

本案例课程的选择与确认始于 2017 年 7 月，经过文献梳理和课程确认，研究者以课程团队成员、主任助教的身份参与了 2017 年秋季学期课程的筹备过程。笔者以本书提出的理论模型和设计原型为基础，结合实际课程初步制定了具体的设计与实施方案，并在应用层设计中将设计原型的干预扩展为直接干预和间接干预。其中，由笔者直接参与设计的、整合了批判性思维的教学目标重构和大纲调整为直接干预，在学习活动具体设计实施方面则以间接干预（即通过课程团队的其他成员来实现）为主、直接干预为辅。

第一，重构教学目标，整合批判性思维。案例课程目标明确提出要培养学生提出问题的能力、阅读与表达能力、学习能力等，但这一表述较宽泛。从以往学期的设计来看，课程组织具有学生间强交互的特征。由此，在课程筹备会上，教师和主任助教就课程目标和课程安排重新进行了梳理。经讨论，本学期课程目标聚焦为：（1）培养学生提出问题的能力和习惯；（2）初步培养学生的学术性阅读和表达等基础能力，特别是在阅读（读）和口头表达（说）这两个方面。

按照原型的第一层设计要求，围绕此目标并结合本研究关于批判性思维的工作定义，课程目标具体细化为：（1）帮助学生初步了解批判性思维，理解其基本含义，特别是其中对自我思维进行反思的意识和方法；（2）引导学生学会提问，包括培养学生提出问题的习惯和能力，能够向自己或他人提出问题，并对所提问题本身有所辨析；（3）初步学习批判性阅读，此项能力目标围绕论证展开，包括辨识论证（能够区分陈述与论证）、分析论证（知道分析论证结构等）、评估论证（了解评估论证的规则，知道概念澄清、检视证据及其来源等基本要求）；（4）初步培养学术性表达的能力，以口头表达为主、书面表达为辅；（5）能在批判性思维的要求下开展合作。

批判性思维是一个内涵宽泛的概念，其在教育实践中的落实应结合具体情境所需。这一原则也是本研究提出设计原型的出发点，上述所列的若干细化目标就是基于该原型思路和案例课程具体需要的实际体现。

第二，调整大纲。经过和教师讨论，考虑到批判性思维培养的阶段性，本轮课程整体做了两个阶段的设计。经过第一阶段的知晓、论证分析的意识与练习和第二阶段的深入体会、练习与对自省的理解，即通过对他者言说的归纳和评价（他说）——建构并反思自己的论证（我说）——寻求共识合作论证（我们说）的层层递进，学生逐步学习在提出问题的基础上建构论证。

正如上一小节所说，本课程已形成相对固定的模式，因此笔者在课程设计时根据各期课程的实践经验以及本学期对批判性思维教学的整合需要，主要调整了小班课程的具体安排，微调了大班课程的内容。按照本研究提出的设计原型，第二层是在课程总体安排和节奏方面整合批判性思维的学习，即在课程大纲的安排上体现阶段性特征，不同阶段对批判性思维的具体要素各有侧重。

大班课程由责任教师主讲，主要内容为著作导读。本学期推荐的阅读书籍包括《教育的目的》《中国哲学简史》《人生十论》《极简欧洲史》，由教师在大班课上进行导读，另外还安排了专门的批判性思维介绍环节。按照惯例安排，大课集中在前半学期，连同最后一周的结课展示，一共 9 次。大课对学生出勤不做强制要求。

基于课程目标的扩展和往期选课学生与助教的反馈，本轮课程设计对小班进行了较大调整。从课程具体目标出发，增加了大量的口头表达训练，弱化了书面表达即写作的任务量。一方面减少了必读书的数量，由上一轮次的 4 部减少为 2 部，包括《教育的目的》和 1 本小班自选书；学生的写作任务缩减为 2 篇，对第二篇修改 2 次、提交 3 稿的要求是为了确保学生能够得到充分的写作训练。另一方面相应增加了主题讨论环节，该活动内容与大课、MOOC 或阅读书目间接相关，从现实角度回应"大学精神"这一主题。按惯例安排，小班课程从第 5 周开始到第 16 周，共计 12 次，包括 2 次团队建设类（T）、4 次主题讨论类（D）和 6 次阅读分享与表达专训类（RS）课程，要求学生必须参加。

综上，考虑到批判性思维的学习节奏，以小班活动安排为线索，本轮课程分为两个阶段，在内容和学习任务上均有所不同，例如批判性思维学习方面有一定的递进关系，第二阶段将在第一阶段实施的基础上进行调整。表 4.1 呈现了一学期的课程总体安排。第一阶段为前 8 周，以阅读《教育的目的》为主要内容，小班课程共 4 次，包括 1 次团队建设（T）、1 次阅读分享与表达专训（RS）和 2 次主题讨论（D），学生还需要完成《教育的目的》的读后感。从批判性思维学习的角度来看，主要是让学生初步认识和了解批判性思维的基本概念，练习基于论证分析的批判性阅读并初步掌握这一方法，在弱批判性思维层次上评估他者

表 4.1　课程大纲

周次	大班课	小班课		作业	阶段
		主题	类型		
1	导言与课程介绍	—	—	《教育的目的》读后感	第一阶段
2	《教育的目的》导读 1	—	—		
3	—	—	—		
4	课程内容	—	—		
5	《极简欧洲史》导读	小班成员互相认识等	T 类		
6	《中国哲学史》导读	大学初体验：你眼中的大学是怎样的？	D 类		
7	《人生十论》导读	《教育的目的》读书分享	RS 类	小班自选必读书书评（初稿）	
8	再读《人生十论》	讨论中西方文化背景的独特性	D 类		
9	《教育的目的》导读 2	小班自选书目读书分享	RS 类		
10	—	书评初稿点评与写作方法指导	RS 类	小班自选必读书书评（修改稿）	第二阶段
11	—	如何理解当前的教育现象（如通识教育/大学生创业/人才向海外流失等）	D 类		
12	—	个人演讲 1	RS 类	小班自选必读书书评（终稿）	
13	—	个人演讲 2；分组并交流观点	RS 类		
14	—	理解大学精神与大学体验回顾	D 类	完成小组合作任务	
15	—	分组任务展示	RS 类		
16	各小组易拉宝展示	课程总结	T 类		

的论证。后 8 周为第二阶段，包括 8 次小班课程和 1 次大班的集体展示，围绕小班的自选书目为主要学习对象，通过不断提升任务要求，循序渐进地推进学生阅读和思考的深度与广度；在书面表达方面，以书评为作业形式，要求学生撰写并 2 次修改，分别提交初稿、修改稿和终稿；基于书评内容，进行正式的个人口头演讲练习并纳入考核，形成小组合作完成作业；小班课包括 5 次阅读分享与表达专训、2 次主题讨论和 1 次团队建设。在批判性思维的学习方面，通过讨论、阅读和写作不断练习批判性思维的方法，体会强意义上批判性思维所要求的自我反思。

第三，设计学习活动。根据学习活动的形式特征，即作为活动主体的学生和教师的行动及相互关系，本研究识别了五种基本形态的学习活动：讲授（听讲）、展示、讨论、游戏和个人独立作业，并简要分析了这五类学习活动的特点和整合批判性思维的可能路径。

按照 ITCT 的设计原型，在整合课程目标和课程大纲的基础上，最主要的是创设批判性思维的学习活动，包括改造既有的学习活动和增加新的学习活动。从大纲可以看出，本轮课程包含有大班课、在线学习、小班课、个人阅读与写作、小组作业等组成部分，其中小班课程可以大致划分为团队建设、主题讨论、阅读分享与表达训练。这里的"类型"表明了每周一次课程（一般为 2 课时）的功能和内容，而每次课程则由若干"学习活动"组成。根据前文分析，划分"学习活动"的依据主要是教与学主体的学习任务，即一个"学习活动"一般意味着明确而独立的学习任务。从内容上看，不同课程的学习任务和学科有关，很难进行归类；不过从形式上看，可以根据活动主体（包括学生和教师）为完成活动任务的行动和相互关系进行类型划分。

这五类学习活动在主体，尤其是主体间的关系、客体、活动规则等角度体现出不同特征，这些特征也是考虑批判性思维融合的着力点。在学习活动层面，整合批判性思维的主要路径有增加专门的批判性思维活动和改造已有的学习活动。其中，增加新的批判性思维的专门学习活动无须拘泥于形式，只要考虑客体（学习内容）即可；而改造已有的学习活动来整合批判性思维的路径则需要从客体和规则等更多角度进行考量——围绕既有的学习活动目标、内容和形式，灵活选取适当的思维学习目标和内容，以学习中的策略或标准的形式整合到专业的学习中。本课程以小班讨论为主，各类基本学习活动均可以不同方式整合批判性思维的教学。具体地说，五类活动的基本特征和批判性思维的路径如下文所述。

讲授是最传统和最基本的教学活动，以教师向学习者提供信息为主。教师讲授对应于学生的听讲，听讲并不一定是被动学习，其主动性体现在对外部信息的接受和加工的意愿与能力。这是大班课堂或讲座的主要活动形式，在小班讨论中也是一种必要的活动。此外，在课堂上观看视频或影视资料等也可以作为听讲的变式，其实质仍然是由教师向学习者提供信息。对于讲授（听讲）类活动的批判性思维整合，除了创设专门的批判性思维讲授活动，还可以在专业学习中随时对学生予以启发，亦可以批判性思维的基础知识为模块。下文主要使用"讲授"这一说法，有时候会根据上下文以"听讲"替代。

展示是在实践中广泛使用的做法，具体指学生在课堂上进行报告的活动，包括个人展示和小组展示。与讲授相比，展示以学习者提供信息为主，本课程中的阅读分享、个人演讲等均可归为此类。展示活动往往包括师生之间和学生之间的质疑问难等互动行为，但一般也只是对学生报告的补充。教学者在展示类活动中对学生发言的点评可参考保罗的框架并作为对其他学生的示范，也可以布置专门的学习材料，让学习者进行展示。

与展示不同，真正的**讨论类**学习活动以参与者之间的对话交流为主，而且讨论中的对话往往有一个明确的焦点或目标，甚至是完成某个任务。例如，参与者围绕某个议题或自由发言、轮流发言，或分组进行讨论，或采用头脑风暴、辩论、世界咖啡、圆桌会议、无领导小组讨论等规则。具体地讲，可以从讨论议题的来源、聚焦程度和参与者的互动关系等方面做进一步分析。讨论类学习活动是小班课程最常用的活动，批判性思维的整合路径包括讨论议题设计、讨论中的提问策略和讨论的具体规则。例如，议题的设计和提问策略等可以参考保罗的框架，活动的规则可借鉴布鲁克菲尔德等提出的不同方法，还可以通过专题讨论，特别是对精选材料或特设情境的批判式讨论，让学生进行练习。

在参与式培训、团体心理辅导等团体活动中，**游戏**是主要的活动载体。在强交互的课程中，游戏是促进参与者对话的重要手段，同时也可以作为体验本身，成为学习的对象。通过组织适当的游戏整合批判性思维教学，可以启发学生的反思自省、多元视角等意识。

个人独立作业通常是指没有主体间的直接交互，主要是学习者个体的学习活动。在案例课程中包括个人阅读、写作以及课堂独立练习等活动。读写类的活动以学生自主作业为主，具体整合包括阅读引导、依据批判性思维原则制定的评分标准和相关练习，助教通过批改作业和组织学生互评帮助其体会与练习。

在上述诸种学习活动中，"讨论"是本课程最主要的活动形式，也是整合批判性思维的主要路径。本研究主要参考埃尔德与保罗等提出的苏格拉底诘问法和布鲁克菲尔德的讨论方法，通过助教培训和课程设计交流会等方式，对小班讨论中的提问策略和讨论规则加以间接干预，同时引导助教把握其基本原则，迁移到其他类型的活动中。

第四，助教培训。本课程由若干小班组成，一直以来，各小班的助教在具体的小班课程设计和实施上有很高的自由度，可以根据大纲进行具体的活动安排、选择学习材料并对学生表现进行评估和个别指导。本研究尊重这一惯例，在具体教学活动的安排上充分考虑课程已有的框架和经验，同时给不同讨论班以充分的自由选择。笔者在研究实施中对课程目标和大纲进行了统一的、直接的干预，在学习活动层面则更多使用间接干预。这类间接干预主要包括：助教培训，参考资料和课程设计指南，助教内部的教学观摩与研讨。

首先，课程组在学期开始之前组织了一次为期5天的助教培训，包括2个专题课程和一次2小时的批判性思维工作坊，部分助教参加了这次培训。笔者在工作坊中介绍了批判性思维的基本理念，并讨论了初步提出的批判性思维工作定义，以便大家形成对批判性思维概念内涵的共识。

其次，根据课程进展的实际情况，研究者编写了"批判性思维教学参考资料"，作为助教培训的补充和小班课程设计的参考手册，提供给 A 组助教。该资料包括批判性思维的基础、主要教学方法和相关文献与电子资源等内容。

最后，安排不同形式的助教内部交流，包括分组的课程设计和教学讨论、观摩小课与反馈等。在这些活动中，笔者作为 A 组的主任助教，和组内助教围绕批判性思维展开讨论，不断探讨如何在小班中整合批判性思维教学。

4.1.3　研究实施过程的阶段划分

本研究的正式实施周期为 2017 年秋季学期（2017 年 8 月至 2018 年 1 月）。因本课程为理工科学生必修的文化素质课程，故经过选课和补退选后，最终有 107 名学生入选。

本研究包括三个阶段。第一，在课程筹备阶段（2017 年 8 月下旬至 2017 年 9 月中旬），授课教师和主任助教经过多轮讨论，完善了课程大纲和评分要求，组织了带班助教的培训，召开筹备会，同时对选课学生和助教进行分组。

第二，课程正式开展阶段（2017 年 9 月中旬至 2018 年 1 月上旬），包括全学期 16 周的正式教学周。具体来讲，从第一周（2017 年 9 月 18 日至 9 月 24 日）到第八周（2017 年 11 月 6 日至 11 月 12 日）为本研究的第一轮干预，从第九周（2017 年 11 月 13 日至 11 月 19 日）到第十六周（2018 年 1 月 1 日至 1 月 7 日）为本研究的第二轮迭代干预。课程开始时进行了一次期初调查。

第三，课程收尾阶段（2018 年 1 月），从考试周（2018 年 1 月 8 日至 1 月 21 日）起为期末数据的收集阶段。期末组织了一次全体学生的问卷调查（题目和期初调查基本一致）。

本轮课程将学生共分为 12 个助教小班和 2 个教师小班，其中助教小班又被分为 2 组，每组 6 个小班并安排 1 名主任助教协调（见表

4.2)。其中，笔者本人为 A 组的主任助教，负责协调 6 位带班助教的工作，在该组教学中依据本研究设计进行系统干预。另外 6 名带班助教所在的小组为 B 组，与 A 组使用共同的课程大纲，但是笔者对具体的小班课程不进行干预。此外，教师小班为 C 组，他们的课程安排及评分标准与 A 组和 B 组不同。本研究对所有学生进行了同样的期初和期末测试，通过比较 3 组学生的测试变化值来衡量本研究干预的效果。换句话说，可以将 A 组视为"干预组"，B 组与 C 组为"对照组"。

表 4.2　各组和各小班人数分布

单位：人，%

组别		人数	比例
A 组		46	43
	A1	8	7.48
	A2	8	7.48
	A3	8	7.48
	A4	8	7.48
	A5	7	6.54
	A6	7	6.54
B 组		48	44.9
	B1	8	7.48
	B2	8	7.48
	B3	9	8.41
	B4	9	8.41
	B5	6	5.61
	B6	8	7.48
C 组		13	12.1
	C1	7	6.54
	C2	6	5.61
总计		107	100

4.2　第一阶段：提出问题与评估论证

本研究实施的第一阶段为课程的前 8 周，以《教育的目的》为主要内容，要求学生阅读《教育的目的》并撰写读后感。A 组的批判性思维的学习目标主要是初步认识和了解批判性思维的基本概念，练习基于论证分析的批判性阅读并初步掌握这一方法，在弱批判性思维的层次上评估他者的论证以及激发相关的动机和兴趣。

第一阶段包括大班课、MOOC 学习和小班课。其中，大班课从第一周到第八周共 8 次，包含课程介绍、4 本推荐书籍的导读等；MOOC 学习主要是中国、德国、英国和美国的大学发展简史。小班课从第五周（2017 年 10 月 16 日至 10 月 22 日）开始，共 4 次，包括 1 次团队建设课（第五周小班成员互相认识与小班课导入）、1 次阅读分享与表达专训课（第七周《教育的目的》阅读分享）、2 次主题讨论课（第六周"大学初体验：你眼中的大学是怎样的？"和第八周"中西方文化背景的特点"）。本研究将期初测试安排在小班课程开始的第五周和第六周，便于带班助教协助组织学生填答。此外，还根据课程进度安排了多次助教交流会，作为间接的干预手段。

总体来看，第一阶段各小班的课程设计和实施在一定程度上体现了助教间的风格差异。同时，A 组的小班课程更多显现了对批判性思维有意识的整合，反映了研究的干预。A、B 两组间的差异还间接地反映在学生作业的分数变化上。下文将具体介绍各小班在第一阶段中对三类课程的具体设计和实施情况，分析不同小班是如何选择各类学习活动并组织成课的，有哪些共性和差异，在整合批判性思维方面具有怎样的特点。本研究搜集整理了各小班助教的每周课程记录，辨识出构成每次课程的学习活动并进行了编码和归类。附录 D 列出了各小班活动情况，后文中的学习活动编码代号对应为附录 D 表格中的编号。

4.2.1 第一阶段学习活动的设计与实施

根据 ITCT 的设计逻辑，本研究在学习活动层面分析了案例课程通常涉及的不同任务模块，具体包含大班课（L）、MOOC 学习（M）、阅读与写作（RW）、团体建设类小班课（T）、阅读分享类小班课（RS）、主题讨论类小班课（D）等学习活动类型（见表 4.3）。

表 4.3 第一阶段的课程任务与学习活动对应表

编码	课程任务		学习活动				
			讲授	展示	讨论	游戏	独立作业
L	大班课		主要				
M	MOOC 学习						主要
RW	阅读与写作						
T	团体建设类小班课		主要		次要	主要	
RS1	阅读分享类小班课	自由讨论			主要		
RS2		分组讨论+代表报告		次要	主要		
RS3		个人展示+集体讨论		主要	次要		
D1	主题讨论类小班课	自由讨论			主要		
D2		引入+讨论	次要		主要		
D3		递进式讨论		次要	主要	次要	

大班课（L）为教师面授，"讲授"为主要的活动形式。案例课程的大课集中在第一阶段，主要内容为主讲教师介绍课程情况与要求、串讲大学发展的历史和导读 4 本推荐阅读书目等。在第二周"《教育的目的》导读 1"和第九周"《教育的目的》导读 2"两次大课上还有专门介绍批判性思维的环节。其他教学内容也会强调"提出问题"，例如，教师针对大学的历史、现状和未来等向学生抛出大量问题，为启发学生思考和提问而没有给出明确的答案，由此引起了学生对各种问题的缘由和不同回答的极大兴趣。

除了面授之外，课程还要求学生在线学习"大学历史与文化"的 MOOC 相关内容（M）。该 MOOC 为学生提供了大学历史发展的基础知识，包括中国和西方（主要是德国、英国和美国）的教育传统。同时，如课程说明中的"怎样解决问题取决于怎样提出问题"，这门 MOOC 在内容与章节安排上也突出了启发学习者的问题意识，提出了"人类没有大学，世界将会怎样？""大学从哪里来、到哪里去？"等问题，第一章"大学历史，为什么值得追问"的内容也主要聚焦于思维方式的引导。从学习活动的类型来看，M 的主要形式是讲授（听讲）。

阅读与写作（RS）的任务是阅读《教育的目的》后撰写读后感。从学习活动的类型来看，RS 主要是学生独立作业。学生首先要独自阅读本书并根据写作要求完成读后感，之后在此基础上进行讨论。根据批判性写作（critical writing）的一般原则，此次写作要求提出明确观点、结合书籍内容适当分析论证和注重引用规范。

团队建设类小班课（T）课程安排在第五周，即小班讨论起始周。第一次小班讨论的主要内容一般包括课程说明和互相认识两个部分。一方面，助教需要在首次小班课上向学生说明课程的主要任务、具体安排和课程规则等事项，对学生的问题答疑解惑，部分小班助教还会采用共同协商的方式，和学生一起制定小班的讨论课程或规则。另一方面，在小班课程开始之初，带班助教和小班同学、小班同学之间都是陌生的，有必要进行专门的团队建设，尽快使参与者相互熟悉，减小陌生感，以利于之后的讨论学习。常见方式如参与者轮流进行自我介绍，或者组织若干破冰游戏，通过营造轻松有趣的氛围加速消解参与者之间的陌生感。在自我介绍环节，有的助教还会提出与本课程主题相关的问题，让学生在自我介绍时有针对性地回答，进而展开简短讨论。综上，构成 T 类课程的学习活动通常以"游戏"和"讲授"为主，以"讨论"为辅。

阅读分享类小班课（RS）课程安排在第七周，主要围绕全体选课学生的必读书籍《教育的目的》进行分享和讨论。根据带班助教的具体实施情况，RS 课程从形式上可以大致分为三种设计类型。RS1 型以"讨论"为主要的学习活动，且多为自由讨论。这种形式不强制要求参与者提前准备，多为轮流发言后再进行讨论，如 B1 班、B2 班、B4 班和 B6 班的第七周小班课程均为此种类型。RS2 型为"分组讨论＋代表报告"，主要的学习活动为"讨论"，并辅以"展示"，例如，A1 班第七周的小班课程 A1W07a2 活动就是让同学围绕阅读《教育的目的》后的思考进行分组讨论和小组展示。RS3 型为"个人展示+集体讨论"，以学生的"展示"为主要学习活动，强制要求参与者在课前有所准备，课上发言也相对更为正式。例如，A4 班的 A4W07a2"我是演说家"、A5 班的 A5W07a3 和 B5 班的 B5W07a1 均为学生自选主题进行展示，强调锻炼学生的演讲能力。A3 班的 A3W07a1 为分章节展示，A2 班的 A2W07a1 则要求同学根据助教提出的导读问题进行个人展示。由此可见，组成 RS 小班课的学习活动以"讨论"和"展示"为主。此外，RS 除了在形式上可分为三种类型外，在内容上也各有侧重：（1）参与者完全自由地分享读书经验或心得；（2）对书籍分章节进行讨论或报告；（3）针对组织者提出的具体阅读问题进行讨论或报告。

主题讨论类小班课（D）课程共有 2 次，其中第六周讨论的主题为"大学初体验：你眼中的大学是怎样的？"第八周讨论的主题为"中西方文化背景的特点"。根据其具体实施，D 课程从形式上也可大致被分为三种类型。D1 型围绕讨论主题进行直接讨论，助教对主题没有再加工，通常是同学轮流发言和自由发言相结合，以"讨论"为最主要的学习活动类型。例如，A5W06a2 是学生集体讨论对大学生活的理解、B4W06a2 是分享大学初体验、B1W08a2 是关于中西方文化差异的圆桌讨论、B2W08a2 和 B3W08a2 是围绕中西方文化背景的无领导小组讨论等。D2 型是在正式讨论前加入了一个专门的引入环节，从学习活动角度看是以"讨论"为主、"讲授"为辅。例如 A1 班助教在第六周进行的 A1W06a1 活动中向同学介绍了几位特等奖学金获得者的事迹，以此引入关于如何度过大学 4 年的讨论；又如 B4 班助教在第八周的 B4W08a1 活动中介绍了思维导图，经让同学练习后，又在 B4W08a2 活动中组织同学分组讨论，用思维导图展示中西方的文化背景及其特点。D3 型"递进式讨论"对讨论主题进行了有梯度的细分设计，并对应安排了不同类型的活动，以"讨论"为主、以"展示"或"游戏"为辅。

例如，A4 班助教在第六周设计了从回顾故去到面向未来的系列活动来讨论当周主题：在"被收藏的记忆"（A4W06a1）中，学生个人反思并分享了自我教育发展的过程；在"成长进行时"（A4W06a2）中，学生分享了个人对大学的感知；在"我是设计师"（A4W06a3）中，通过游戏"角色互换"引导参与者认识教育和自我的关系；在"天马行空的未来"（A4W06a4）中，学生通过书写或绘画记录对今后大学生活的自我规划。这一系列活动含有"讨论""游戏""展示"等不同类型。又如 A2 班助教在第八周时针对当周主题设计了 3 个有逻辑关联的问题，并组织了"讲授"和"讨论"等不同形式的活动：活动 A2W08a1 为分组讨论，列出中西方文化差异的关键词并进行小组报告；活动 A2W08a2 为讨论"文化差异的根源"；活动 A2W08a3 以助教讲授"文化差异对教育的影响"为主。简言之，D 课程无论以哪种具体形式呈现，均以"讨论"为主要的学习活动，课程设计的差异体现在活动的具体内容设计、形式选择与次序编排上。

4.2.2　第一阶段的批判性思维整合

依据 ITCT 模式的整体设计思路，无论是大班课、MOOC、阅读与写作，还是小班课程的设计实施，第一阶段课程中的批判性思维整合主要在目标、节奏和具体学习活动三个层面上进行。上一小节简要说明了前三者的情况，本小节将具体讨论小班课程的批判性思维整合，特别是A 组小班课程的实施。

就第一阶段批判性思维培养的具体目标和大纲设置而言，A 组小班课程可分为初步引发和有意识引导与刻意练习两步。初步引发包括第一次小班课程中特意设计的体现思维诉求的游戏，以及部分小班中设置的专门围绕批判性思维的讲授类学习活动。有意识引导与刻意练习，包括讨论、对学生发言或作业的点评、专门讲授与练习活动等。

实施初步引发是在第五周的小班课上。在"课程设计与助教指导手册"中，第五周的小班课程目标被设定为初识讨论和初识批判性思

维两个内容。就其中的批判性思维而言，课程并不强求助教明确地提出
这一术语或进行专门讲解，但鼓励助教通过具体的多样化学习活动，使
学习者对此概念的内涵形成初步的感性认识。具体方法如：（1）开展
特定目标游戏，引发学生意识到同一个问题存在多种意见及其理由，有
意识地尝试从不同角度理解问题；（2）简单讨论；（3）讲授针对批判
性思维的基本概念。在第一次小班课程的具体实施中，部分助教采取了
"调整"策略，引入了批判性思维的相关概念，反映了助教们所理解的
最基础的批判性思维意涵，或者说最适合初步引入的要素，即逻辑、观
点表达和多元视角等。A 组有 3 个小班的课程活动体现了引入批判性思
维的意图。A1 班第一次课程中的破冰游戏环节（A1W05a3）采用了年
轻人普遍喜爱的"狼人杀"游戏，助教要求学生基于逻辑发言，并引
导了解批判性思维的基础；在小组讨论环节（A1W05a4）中，助教抛
出"如何看待小学生打王者荣耀""如何看待学校禁止电动自行车"等
话题，引导学生基于证据—论点的要求分享自己的看法。A4 班的游戏
"只言片语"（A4W05a2）兼顾互相认识和感知不同视角与思维方式两
个目标。A5 班也采用了一个流行的团体游戏"谁是卧底"
（A5W05a2），并附带逻辑思考的要求；在另一个活动中，A5 班助教给
同学播放了 Ted 视频（A5W05a3），引导学生思考如何表达观点。

初步引入之后，批判性思维培养的重点转变为有意识引导与刻意练
习。在具体的学习活动层面上，整合批判性思维有多种途径。无论是在
RS 课程，还是在 D 课程中，助教都可以依据批判性思维的要求对学生
在讨论中的发言给予回答、评论或建议等不同反馈（以 B6 班为例）。
同时，助教也可以根据批判性思维的要求对导读问题和讨论主题进行设
计加工（以 A2 班为例）。除上述调整性策略外，助教还可以设计和组
织专门的批判性思维学习活动。

专门的批判性思维环节将多种形式的学习活动嵌入主体课程中。例
如，A1 班在小班课上播放了介绍批判性思维的短视频（与该次小班课程
的主要内容无特别联系），学生观看后讨论，这主要是"讲授"类的学习

活动。又如，A3 班助教在一次小班课上安排了游戏"你说我画"，引导
学生体会沟通的重要性，思考如何站在他人的角度上考虑问题和进行表
达，这是嵌入了"游戏"类的学习活动。再如，A4 班"假如的故事"
（A4W07a1）是一个角色扮演式的"讨论"环节，学生以不同身份思考教
育的目的，突出了批判性思维培养中"情境化"的要素。还有小班以批
判性思维为专门内容进行了一次完整的小课教学，其主体学习活动也突
出了"情境化"。A6 班第七周的小课就是一次典型的批判性思维专题课。
助教以《学会提问》一书为基础进行活动设计，在简要讲解了批判性思
维之后，让学生学习理解文章核心词句的含义、学会寻找文章的论题结
论、辨识证据、论证过程与论证中隐含的逻辑假设等方法。这其中包括
了 3 个学习活动：（1）暖场游戏"你说我画"（A6W07a1）；（2）讲授
"一位新法官"，学会提问，内容为两种思维风格，学习者交流感受
（A6W07a2）；（3）练习如何提出正确的问题（A6W07a3）。助教还将此次
内容贯穿到整个学期的小课中，例如第十周就让同学们按照此次所学的
批判性思维方法对读书报告作业进行互评。

　　综上所述，第一阶段课程的批判性思维整合遵循了 ITCT 模式的总
体设计原则，在目标、大纲节奏和具体学习活动的各个层面得到了体
现。批判性思维学习活动的实现路径包括调整和增设（嵌入）两种，
在具体教学中根据实际需要采用对话、探究或情境化的具体方法。嵌入
专门的批判性思维活动（如讲授、游戏或讨论）更易操作，而师生对
话和展示点评中的批判性思维整合则不易评价，效果如何也较难评估。
通过课堂观察和记录可以发现，A、B 两组助教在批判性思维培养的整
合上展现了不同特点，下一小节将加以具体分析。

4.2.3　第一阶段小结

　　上文分析介绍了各组第一阶段课程的实施情况。小班 A 组和 B 组
在第一阶段的总体安排基本一致，学生需要参加大班授课和 MOOC 学
习，阅读必读书目《教育的目的》并撰写读后感。第一阶段的 4 次小

班课程分别为 1 次 T 课程、2 次 D 课程和 1 次 RS 课程。其中，T 课程以"游戏"为主要的学习活动，D 课程以"讨论"为主要的学习活动，RS 课程以"讨论"和"展示"为主。此外，"讲授"也是很多小班课程中不可或缺的活动模块。

各小班助教在安排具体课程上显示出了个人特点与风格，这种差异主要体现在学习活动的运用上，包括安排哪一类学习活动、组成每次课程的学习活动的数量以及相互之间的关系、学习活动的具体实施等。例如，A4 班助教善于利用游戏，每次课程中的不同学习活动之间都联系紧密；B1、B3 等小班，每次课程都有暖身、主体活动、反思总结等几个固定环节组成的类似结构；A1 小班设计了相对独立的写作辅导模块，而后嵌入到不同周次的课程中。

除个人风格之外，A、B 两组在小班课程的具体设计和实施上也存在差异。T 课程中（第五周小班课），A 组大部分助教有意识地在破冰游戏中突出了批判性思维的要求，这反映了本研究中 ITCT 的干预。B 组则有 3 个小班安排了文献检索与引用等与学术写作基础知识有关的环节，包括介绍图书馆资源（B2W05a3）、讲授和演示文献库（B3W05a3）、介绍文献引用的学术规范（B4W05a3）等。无论是 RS 课程还是 D 课程，B 组助教相对更倾向于自由讨论，A 组助教则对讨论内容与形式加以更多设计（见表 4.4）。

表 4.4　第一阶段 A、B 两组小班的课程类型对照表

编码	课程类型		组别	
			A 组	B 组
T	团体建设类小班课			
RS1	阅读分享类小班课	自由讨论		B1W07、B2W07、B3W07、B4W07
RS2		分组讨论+代表报告	A1W07	
RS3		个人展示+集体讨论	A4W07、A5W07、A3W07、A2W07	B5W07、B6W07

续表

编码	课程类型		组别	
		A 组	B 组	
D1	主题讨论类小班课	自由讨论	A3W06、A5W06、A3W08	B3W06、B4W06、B6W06、B2W07、B1W08、B5W08、B2W08、B3W08
D2		引入+讨论	A1W06、A6W06、A1W08	B4W08
D3		递进式讨论	A2W06、A4W06、A2W08、A4W08	B1W06

　　A 组在批判性思维培养的整合方面体现较为明显。A 组助教在此方面的设计更为 "自觉"，不仅在设置第一阶段的具体目标和课程节奏时考虑了批判性思维的要求，而且在小班课程的具体学习活动设计中也有意识地突出了批判性思维的要求，将批判性思维的诉求运用到多种不同类型的学习活动中，并嵌入更多以批判性思维为主题的专门模块。当然，B 组助教也并未忽视批判性思维的培养，只是不够明确这一目标或学习活动，呈现出的是一种 "自发" 状态，而且在学习活动中更多依赖于助教的自身思考和教学技能去体现批判性思维。

4.3　第二阶段：论证建立与自我反思

4.3.1　第二阶段教学方案的优化调整

　　经过第一阶段的实践可以看出，A 组和 B 组在课程设计方面确有不同，A 组助教整合批判性思维的意识更高，整合类活动更多；A 组学生在批判性阅读的提升方面较 B 组学生更为明显。但是，通过学生访谈、课堂观察和助教反思可以看出，本研究的模型干预不够直接且力度较弱，助教对讨论问题的设计和引导相较基于批判性思维对话的要求还有距离，学生对课程目标也不够理解。

　　基于以上原因，本研究第二阶段的干预迭代就主要集中在以下两个方面：（1）提升助教的催化作用，促进助教更全面地认识本课程；
（2）向助教反馈学生的意见，引导助教分享教学案例，提供更多学习
活动的案例和讨论。

第一，通过助教交流，加强大家对课程目标的理解以及对整合式批
判性思维的探究。有助教曾在访谈中表现出对课程定位的"迷茫"，好
像除了锻炼阅读与写作能力外，不知道学生还能从课程中得到什么
（TA02）。笔者建议助教理解知识性内容的作用，即知识为讨论提供了
主题和材料，是思考的对象。"大学精神"是贯穿本课程各次讨论课的
线索，助教既要在总体上围绕这条主线的内核，又要基于自身思考确定
具体的侧重点。课程中抽象的大学精神应该通过先贤思考、历史脉络、
文本探析、社会现象、生活经验等具像化，并指向个体的不断思考。对
助教们来说，无论是觉得课程大纲有框架线索还是觉得整体很零散，无
论是将课程定位主要聚焦于读说写训练还是将其理解为帮助同学更好地
适应大学生活，都应该对"大学精神之源流"的课程内核加以反复探
究。作为关键词的"大学精神"是阅读、写作、讨论、口头报告等各
项学习任务的焦点，让同学们能够意识到这是一个值得不断思考和讨论
的"问题"，与自己正在经历的求学生涯息息相关。其中的阅读和讨论
又是不断深入和拓宽思考这个问题的重要途径，同学们通过集中时间的
讨论、完成课程的相关任务，有机会练习并不断提升读书、讨论、提问
和思考的能力。助教们在设计与组织小班讨论时需要不断澄清和反思自
己对"大学精神"的理解，挑选出可以在小班课程中与同学分享与探
讨的素材，而后确定选择书目、设计活动、设计讨论题目等一系列具体
操作。简言之，带班助教需要有各自的一条线索，作为串起整学期讨论
的"魂"，特别是对第一阶段的主线不甚清晰或对课程定位还有疑惑的
助教，在第二阶段应着眼于主线，调整小班讨论课程的设计细节。

第二，打磨小班讨论中的教学细节。例如时间管理，建议部分助教
可以将小课的时间控制得更加紧凑。除了规则上的提醒和要求外，助教
可以在学生发言时"适时"提问，关注学生发言内容中的问题，引导

快速总结发言，更多内容可以等所有人完成自己的任务后加以讨论。此外，建议同一次的活动尽量在一次课程中完成，避免跨越。

又如建议助教视小班学生的不同特点而区别对待。对那些能说又爱说的学生，助教的评议重点可以放在其所说的内容上，引导他们进行更简洁、清晰、有逻辑的表达，不妨更多使用质疑性的反问；对那些有特别或反对观点但又不太爱发言的学生，助教可以要求其发言并设法打消其顾虑；对那些不太会发言或自信心不足的学生，助教可以在提问时适当加以追问，把问题拆开，先提出选择性问题，再逐步问开放性问题。

再如改进课程设计（包括进一步澄清课程目标）、引导学生自我反思、突出同伴学习与合作学习（如在讨论中进一步改进）。建议助教设计出合适的问题，在讨论现场对发言进行即时反馈，梳理总结并分析讨论的"结论"（指参与者的共识与争议），而后进一步对这些结论加以评论或讨论，适时提供合适的资料。在课程学习类的讨论中还需要以发展的眼光照顾到每位参与者，适当地澄清问题或转化问题等。

4.3.2　第二阶段的总体安排和实施情况

本研究第二阶段为课程后 8 周。该阶段以阅读小班的自选书目为主要内容，要求学生撰写并 2 次修改书评；基于各自的阅读体验结成小组，自主选题、合作完成作业。第二阶段只有第九周一次大班授课，学生继续 MOOC 学习。最主要的是 8 次小班讨论课，包括 5 次阅读分享与表达专训课程、2 次主题讨论课程和 1 次团队建设课程。

第二阶段的"阅读分享"包括自选书目阅读分享（第九周）、作业点评和写作训练（第十周）各 1 次，2 次基于书评的个人演讲（第十二周和第十三周）以及 1 次小组展示（第十五周）。它们的共同点在于以阅读材料为基础进行集中的读、写、说等练习，与课程评分密切相关；主要采用"展示"的活动形式类型。与第一阶段以阅读分享为主不同，第二阶段的专训类课程在内容上更丰富。

第九周的阅读分享小课与第一阶段类似，都具有多样的组织形式。这是本课程第一次尝试以小班为单位自选必读书，实际课程实施中主要采用展示的方式。按照第一阶段对分享课形式的分类：（1）参与者完全自由地分享读书经验或心得，如B1班、B2班（要求学生讲清楚书中的观点和自己的观点）和B3班；（2）对书籍分章节或选择部分内容进行报告，如A3班（按思想流派分组展示）、A6班（分章节报告）、A5班和B4班（个人选择主题报告）；（3）针对组织者提出的具体阅读问题进行报告，如A2班提前设计了报告题目，学生按照讨论题目轮流进行阅读分享。此外，有5个小班并未完全按照大纲进行阅读分享。

第十周是"作业点评与写作训练"小班课。由于小组自选书的书评作业为本课程表达训练及学生评价的核心内容，因此专门安排了1次写作提升训练。该作业要求学生在读书的基础上提炼出较明确的观点，并以此为蓝本将修改后的书评或读书报告转化为口头演讲。小课要求助教对学生的读书报告初稿进行点评，说明读书报告的写作方法、脱稿讲演的基本要求与技巧。本次活动总体较为自由，助教的设计也较为多元化。主要的活动内容有：（1）对"书评"进行同伴互评（讨论），如A5W10a1、A6W10a2、B2W10a2、B3W10a1、B4W10a3和B6W10a2等活动；（2）助教讲解写作要求或点评（讲授），如A1W10a2、A2W10a2、A3W10a1、B4W10a2、B6W10a3、A4W12a1等活动。

第十二周和十三周是个人展示。课程大纲要求每个学生以自己撰写的"书评"为基础，脱稿演讲8分钟，最后由小班助教和其他同学进行点评。个人演讲的分数计入学生的正式成绩。大部分小班用了一次半到两次课的时间完成了此任务。在第十三周，A1班组织了"学校该不该无差别随机分配住宿"的辩论活动，A4班提前进行了小组合作任务的探索，还有4个小班（A3、A5、A6和B2）用半节课的时间组织观看影片或小组讨论等活动。

第十五周是期末作业的分组展示。课程大纲要求每个小班按照学生2次脱稿讲演的内容分成小组（3-4人为一组），而后各小组商讨自己的展示主题及内容并一起合作探索，第十五周进行小班内的小组报告，之后将相关内容制作成易拉宝于第十六周进行集体展示。该周课程也是以展示活动为主，除了 A4 班和 A6 班外，其他所有小班都在该周进行了小组展示，再由学生提出建议。部分小班组织了其他主题的讨论，如 A5 班关于教育公平的情境扮演，学生们扮演不同的学校利益相关方，讨论一项学校管理政策（A5W15a3）；A4 班为介绍社会性别的概念（A4W15a2）和性别平等的主题讨论（A4W15a3）；A6 班为观影讨论（A6W15a1）；B6 班有自选书目的文本细读分享。

第二阶段的第十一周和第十四周还安排了 2 次主题讨论。第十一周的主题是如何认识当前的教育现象，课程大纲列举了通识教育、大学生创业和人才向海外流失等具体议题，希望学生通过阅读和理解《教育的目的》《人生十论》等书目，自行搜集资料，围绕助教给出的具体问题进行小班讨论。第十四周的主题是"什么是大学精神？"助教可以引导学生通过回顾自己刚进大学时的体验来反思整个学期，并开展讨论。当然，助教也可以结合小班讨论的内容而较自由地把握讨论方向和具体主题。

第十一周共有 7 个小班按照课程大纲进行了主题讨论，包括 4 个 A 组小班和 3 个 B 组小班，其余 5 个小班根据自己的情况做了内容调整。另外，这 7 个小班采用了与第一阶段类似的具体活动设计。有 4 个小班没有就讨论话题做进一步的再加工：（1）B2 班设置了多个联系不大的活动，轮流分享教育热点事件和现象为其中一个活动（B2W11a2）；（2）B3 班用了同样的做法，让同学轮流发言，就当前教育现象展开讨论（B3W11a1）；（3）B4 班按照大纲中的 3 个议题（人才海外流失、大学生创业和通识教育）分成 3 个小组开展讨论，然后再分组展示（B4W11a1）；（4）A3 班要求学生课下搜集与讨论主题相关的教育现象的材料，然后在课堂上进行讨论（A3W11a1）。A 组其余的 3 个小班则为本周的讨论加入了更多设计，例如 A2 班将主题聚焦为"大学的使命"，并在讨论中设置了阅读材料和观看纪录片等导入环节，让同学们自己提问、互相讨论（A2W11a1）；A1 班将主题聚焦为"哈佛大学在录取时的亚洲歧视问题"，助教提供阅读材料，着重培养学生在思考和发言中的思维训练（A1W11a2）；A6 班组织了一场辩论，辩题是"大学本科阶段通识教育更重要还是专业教育更重要"（A6W11a1）。有 5 个小班的第十一周活动没有按照大纲实施，其中 A4 班的主题是"生命教育"，由 3 个相互关联的活动组合成课（A4W11a1、A4W11a2、A4W11a3）；A5 班的主题活动是以哈佛正义课视频为资料，助教组织同学进行模拟讨论（A5W11a2）；B 组有 3 个小班都组织了围绕本班自选书目的读书分享。

各小班对第十四周课程的实际设计与实施更为灵活。只有 3 个小班在本次课程中安排了该主题的讨论活动，分别是 B2 班的"大学在体验"以及利用思维导图这一工具讨论大学精神（B2W14a1），B3 班采用关键词讨论法探讨大学精神及其来源（B3W14a1、B3W14a2），B4 班进行了大学精神的回顾性讨论。部分小班进行了自定义的主题讨论，如 A1 班通过故事分享和情境思考引导同理心（A1W14a1）；A2 班的课程主题为演讲的艺术，主要通过讲授和观看视频辅导（A2W14a1）；A3 班为观看影片并进行讨论（A3W14a1）；A5 班为"缸中之脑"，助教带领同学进行思想实验，以思考客观世界的真实性问题（A5W14a2）。其他几个小班在第十四周则根据各班的实际进度，进行大纲计划中的其他活动，包括个人演讲、分小组讨论等。

第二阶段的团队建设类课程是最后一次课。主要目的之一是总结全学期的内容，情感上有告别的意味。该次课程最主要的形式就是同学和助教进行自由发言分享。部分小班设计了一些游戏或参与性更强的活动，例如 A2 班的"天使游戏"（A2W16a1），A4 班的"记忆抽屉"（A4W16a1）、"时光镜"（A4W16a2）、"微笑便签"（A4W16a3），A6 班关于职业生涯规划的"魔法商店拍卖会"（A6W16a2）和"MBTI 自我认知测试"（A6W16a3），以及 B6 班的"解忧杂货铺"（B6W16a3）。

总体来看，各小班在第二阶段的课程设计和实施上展现了更多的灵活性，不仅提升了对讨论题目和环节的关注，在具体设计上也更加细致，而且还会根据实际情况和自身需求去调整活动设计和节奏。下一小节将详细讨论众多活动是如何体现批判性思维整合的。

4.3.3　第二阶段批判性思维的整合

与第一阶段相比，第二阶段学习活动整合批判性思维的特征包括：不同的主题讨论形式（辩论、情境扮演等）；提升学习活动中对批判性思维的要求，加强讨论和读书分享中的引导，在专项训练中运用更多激励学生对话的策略等。

小班讨论中采用了辩论、情境扮演等形式更加多样的活动。例如，A6 班组织"大学本科阶段通识教育更重要还是专业教育更重要"的辩论（A6W11a1）。又如 A5 班设计了一个关于教育公平的情境，学生扮演不同的学校利益相关方来讨论一项学校管理政策（A5W15a3）；A1 班通过故事分享和情境思考引导同理心（A1W14a1）；A4 班进行社会性别介绍（A4W15a2）和性别平等的主题讨论（A4W15a3）。A5 班第十一周的主题活动是以哈佛正义课视频为资料，助教组织同学进行模拟讨论（A5W11a2）；"缸中之脑"的活动中，助教带领同学进行思想实验，以思考客观世界的真实性问题，并进行讨论（A5W14a2）。

无论是讨论活动中的引导，还是展示活动中的评论，助教们都在有意识地提高批判性思维方面的要求。例如 A1 班助教在一次读书分享中将学生分成两组，分别总结阅读书目中谈到的两个问题，要求每组在黑板上写出作者的观点与论点、论述逻辑以及小组对作者的评价，并派 1 名代表讲解内容，最后由助教对学生们总结的优点和问题加以评价。学生们在这个活动中既要深入理解和挖掘文章的内容，站在作者的立场上理解作者的逻辑，进而形成自己的观点与态度，同时还能清晰表达出作者所写的内容，力求让听众尽快把握该书的脉络。同样是 A1 班，讨论类活动 A1W11a2 为一次主题讨论课中的主要环节。助教在这项活动中发放相关材料，提出了聚焦哈佛大学在录取时的亚洲歧视问题，一方面让学生理解在写作读书报告时不要仅限于自身经历，还可以着眼身边具有普遍意义的事情展开思考；另一方面训练参与者的基础思维，即面对看起来似乎可用的素材，应当先思考其真实性（"是不是"的问题），再思考是否可用（"为什么/好不好"的问题）。

第 5 章
整合式批判性思维教学模式的效果分析

为分析整合式批判性思维教学模式的效果，本研究搜集了相关的定量数据和质性数据。在课程初期和课程结束后组织了 2 次面向全体选课学生的问卷调查，主要内容包括批判性思维能力量表和认识信念量表，同时收集了学生课程写作作业的得分。笔者还与选课学生和助教进行了访谈，实地观察了部分小班的课程。综合分析显示，本书提出的整合式教学模式对学生的批判性思维发展总体有效，但受到课程中学习活动的具体设计实施、教学者的教学经验与能力、学习者对自身学习状况的觉察等因素的影响。

本章第一节将简要介绍本研究所使用的测量工具，第二节和第三节分别介绍期初、期中和期末学生问卷调查的结果，以及整个过程中笔者对课程进展的观察与反思，第四节结合访谈等资料，对 ITCT 模式干预的有效性进行分析和讨论。

5.1　数据搜集的方法与工具

本研究同时收集了量化和质化的数据。量化数据主要描述学生在批判性思维相关维度上的发展变化，分别于期初和期末各收集 1 次，主要包括：批判性思维能力，认识信念，批判性写作水平。质化数据主要描述学生对学习过程和学习结果的理解，主要包括在课程进展过程中和课程结束后的助教访谈、学生访谈、课堂观察等。

批判性思维能力量表。本研究采用彭美慈等修订的批判性思维能力测量表（CTDI-CV）（彭美慈等，2004）。研究者以"加利福尼亚批判性思维倾向调查问卷（CCTDI）"为基础，依据"概念等值"的原则进行本土化开发。与 CCTDI 相比，CTDI-CV 在维度名称和具体涵义上无变化，总题数减少为 70 题（每个维度 10 个题目），部分题目在语句表述上有变化，更符合华人文化圈的特点。CTDI-CV 的内部一致性系数（即克伦巴赫阿尔法系数）为 0.90。CTDI-CV 和 CCTDI 一样，都采用里克特（Likert）六点计算，分数汇总方式相比 CCTDI 来说有所简化，但总分值（420 分）和各维度内涵是一致的。两个工具均由 7 个子量表组成，对应 7 个维度；在结果方面，CCTDI 提供总分和 7 个分量表的分数，总分区间为 70-420 分（其中，低于 210 分为"严重对立"，低于 280 分为"不明确"，高于 350 分为"全面较强"），分量表得分区间为 10-60 分（以 40 分为界，50 分为目标）。鉴于 CTDI-CV 中各维度题项数均为 10 题，为便于和其他工具的结果进行比较，本研究使用 CTDI-CV 时对分数计算做了进一步简化处理，即每个维度直接取各项的平均分，总分按各维度的平均分计算，满分均为 6 分，而后与 CCTDI 的各程度区间做相应的等比例处理（即 3 分以下视为"严重对立"，3-4 分为"不明确"，高于 5 分为"全面较强"）。

7 个维度及其含义具体为：（1）探求真相（Truth Seeking），衡量答题者渴望探求真理、勇于提问以及对探究的诚实和客观程度的倾向，得分高者表明其看重探求真理而不只是为了获得论辩胜利（CCTDI 中有 12 个题目）；（2）开放思想（Open mindedness），衡量被试思想的开放倾向，即容忍不同意见、意识到自己的态度或意见可能存在偏见、尊重他人的不同意见（CCTDI 中有 12 个题目）；（3）分析能力（Analyticity），对潜在问题的敏感度或警觉性，对可能出现的后果的预见性，重视理由和运用证据（CCTDI 中有 11 个题目）；（4）系统化能力（systematicity），考察被试有条理和有组织地、勤奋地和专注地进行探索的倾向，对应《德尔菲报告》中"处理复杂问题的有序性""将注意力集中于当下所关心的问题""勤于寻找相关信息"等状态的描述（CCTDI 的系统性量表有 11 个题目）；（5）自信心（self-confidence），考察被试对自己推理过程的自信程度，得分高者倾向于相信自己能够做出好的判断，也相信他人对自己有一样的信心（CCTDI 中有 9 个题目）；（6）求知欲（inquisitiveness），考察被试对知识和理智的好奇心，高分者看重博文广识、即便在没有及时回报的情况下也注重学习，希望了解事物的运行方式（CCTDI 中好奇心量表有 10 个题目）；（7）成熟度（maturity），考察被试在深思熟虑的基础上做出决定的倾向程度，包括认知成熟度和认识能力的发展，得分高者在解决问题或做出决策时会意识到很多问题或情境有多种可能的选择，需要根据标准、语境和证据做出判断（CCTDI 中有 10 个题目）。

认识论信念。大学生批判性思维的发展和认识论信念密切相关（武宏志，2015；夏欢欢等，2017）。本研究采用周琰编制的大学生认识信念问卷作为学生认识论信念水平的测试工具（周琰，2015）。该问卷主要参考了学者霍夫、宾特里奇与舒默等人的理论构想以及相应的维度和题项，并借鉴了其他相关量表编制。以中国大学生为被试，经过探索性因子分析和验证性因子分析，建构了具有 6 个因素结构的测量工具，其总体信度系数为 0.830。

该问卷的 6 个维度及其含义为：（1）知识确定性，高分者认为知识具有不确定性，是不断发展变化而非固定不变的；（2）知识简单性，高分者认为知识之间具有紧密的联系；（3）知识的获得，高分者认为知识是建构获得的，无须严格按照权威的指导学习，要灵活运用各种方法积极主动地自我学习；（4）学习的能力，高分者认为学习能力并非先天注定，可以通过后天努力改善；（5）学习的速度，高分者把学习看作是循序渐进、逐渐积累的过程，不是短时间能够快速完成的；（6）学习的价值，高分者认为学习是有意义的、快乐的、有趣的，有自信能够学好，喜欢探究，对科学工作有兴趣和认同。该问卷共计 38 个题目（各维度题目数量不等），采用李克特五点记分法。由于本问卷的认识信念结构为二阶一因素和一阶六因素模型（周琰，2015：36），因此本研究采取各维度计算相关题项的平均分为各维度得分，再取各维度得分的平均分为认识论信念总分。

批判性写作。本课程要求学生完成一篇《教育的目的》的读后感和一篇小班阅读书籍的书评（包括初稿、修改稿和终稿），相关得分作为课程的部分成绩。研究者与课程的专门助教成立了独立评分组，自编了一套评分标准，对作业统一打分。评分组成员依据此标准对每次作业独立打分，取其平均分为每次作业的实际得分。评分组的 4 位助教不参与小班教学，也不认识上课的学生，在评分过程中不会受到感情因素的干扰。

评分标准参考批判性写作评价标准、GRE 写作评分标准等，结合作业特点编写而成。该标准共有 6 个维度，体现了批判性写作的评价要求。根据第一次打分情况，评分组助教给分的阿尔法系数值为 0.65，内部一致性程度可以接受。研究者选出评分组助教们给分差异较小的作业和给分差异较大的作业共计 40 余份，请打分组助教们讨论斟酌，对评分标准和各自的打分习惯进行调整。

访谈。研究者分别在期中、期末以及 2018 年春季对学生和助教们进行了半结构式访谈。共计访谈 20 人次，其中助教 9 人次、学生 11 人次。受访学生来自各个小班，主要为大一学生，其中女生 2 位、男生 9 位。

5.2 期初与期中的学习情况

5.2.1 期初调查结果

考虑到课程设置和管理的便利性，为保证问卷的有效回收，期初调查安排在第五周（2017 年 10 月）。学生们从第五周开始已经不能任意退课，而且此时也进入了小班的讨论环节，各助教可以组织各自小班的学生填答问卷。

期初调查的结果包括样本学生的批判性思维能力、认识论信念的总体得分情况和各小班的各项分数情况。数据显示，学生们总体的批判性思维能力处于"不明确"的程度（CTDI-CV 的总平均分为 4.27 分），在"求知欲"维度和"分析性"维度上得分相对较高，在"寻求真相的倾向"维度上得分较低（见表 5.1）。A、B、C 三组水平总体接近。

根据期初的调查结果，笔者提出了 A 组小班课程的活动设计在具体导向上的侧重点：（1）在表达类的练习活动中，助教可更多地应用能够体现较高水平的批判性思维技能的阅读与写作的指导和要求；（2）通过创设环境，让学生接触和练习以论证评估为基础的批判性思考方式，引导其对探究的重视，并意识到探究并不是为了赢得论辩，更重要的是不断探求真理。

表 5.1　各组期初测试 CTDI-CV 各维度得分

单位：人，分

组别	人数	CTDI-CV 得分							总平均分
		求真	开放	分析	系统	自信	求知	成熟	
A	46	3.82	4.28	4.65	4.23	4.38	4.83	4.17	4.34
B	48	3.86	4.16	4.44	4.10	4.11	4.60	4.15	4.20
C	13	3.82	4.32	4.52	4.16	4.22	4.65	4.21	4.27
总计	107	3.84	4.23	4.54	4.16	4.24	4.70	4.17	4.27

5.2.2　期中反馈与反思

通过第一阶段小班课的课堂观察及期中对学生与助教的访谈，并结合助教的中期反思，笔者关于课程第一阶段的设计实施有如下发现和思考。

第一，学生对课程目标、定位和具体安排的理解还存在认识不清晰或疑惑，这影响了其投入课程的程度、对课程收获的预期及实际收获。

例如，有些学生对作业的具体要求并不十分清楚，容易写成书籍内容概要；专业课期中考试的时间安排与第一次作业提交时间接近，会影响一些学生完成作业的认真程度。此外，还有少数学生表达了对课程定位的疑惑。不过也有助教认为，学生们对课程目标和内容的暂时不理解对课程实施没有大碍。

第二，不同助教对课程定位的理解大相径庭，对课程的反思也迥然不同，少数助教对课程宗旨的认识还不到位。因此，助教们对第二阶段小班课的改进也各有侧重点。有些助教计划突出讨论的比重，提高学生的自由度："后几节课准备增加同学讨论的比重，减少助教讲授的部分，并尝试多种小组讨论形式，鼓励平时较少发言的同学能够积极发表见解"（A6）。"给同学们更多讨论和合作的机会，给他们时间去思考，而不是自己过多的讲述"（A2）。"个人感觉我的小课的目的性比较强，一直在训练同学们，所以就我个人而言，改进将会是给大家一些自由讨论、表达想法的主题讨论机会"（A1）。有些助教着眼于讨论的具体内容，如助教 A4 提到第二阶段要"更加注重'魂'的贯穿"，助教"打算将讨论更多结合同学们的生活或当下所发生的社会现实问题，促使大家将反思作为一种生活方式，将反思提升为自己生活中的一部分"（A5）。

第三，部分助教的讨论课设计能力有待提升，特别是需要加深对课堂讨论题的作用的思考和理解。例如在主题讨论类课程中，很多小班直接使用课程大纲提供的讨论题而未做进一步聚焦与细化；而实际上，课程大纲提供的例子仅仅是方向性的，助教在实际教学中需要设计更为清晰、明确和直接的讨论问题。在具体设计中助教应思考：（1）为什么要选择这个问题在课堂中讨论？（2）讨论问题的目的是要将学生引向何方？让他们有什么收获？（3）所讨论的问题和其他部分是什么关系？此外，课程大纲还应有所改进，以"大学生活"这个主题为例，大纲应着重说清其设计意图，以避免助教"望文生义"而产生误会。

第四，如何推进讨论是一个难题。在实际讨论中，虽然助教有时会尝试在学生间建立联系，让学生互相问答、评论，学生之间也偶尔会有主动地交流，但课堂互动总体上仍表现为"中心型"而非网状型。课堂讨论中最常见的现象是助教和学生们依次进行一对一的问答，学生主动发问、主动回应其他同学发言的情形并不多见，学生提出问题的类型也比较单一。此外，根据课程大纲，助教也会安排学生之间互相点评作业，但从学生的实际发言来看，大多针对作业的外在形式，针对具体内容的评论和质疑则相对较少。在这样的讨论中，学习者之间缺乏直接对话，也无法深入展开，学习效果大打折扣。当然，也有部分小班组织得较好，学生之间进行了真正地深入讨论。对不同小班进行初步比较可以发现，课堂讨论与学生的提问动机、学生提问题的能力、助教的具体引导都有较大关系。

有助教在访谈中提出，在第二阶段中课堂"后面自由讨论的部分还是希望能产生一些更有深度的思考"（A4），对此笔者就建议带班助教要注意使用教学技巧，包括临场记录、恰当追问、有效利用资料等。例如，在学生发言时做笔记或将要点写在黑板上，不只是罗列每个人的发言内容，而是要进行现场整理并对它们加以澄清、归类、比较和联结等，一旦学生发言完毕，助教就能及时回应并结合课程的其他材料进行总结。又如，针对某位学生的发言，助教需要考虑哪些问题可以回问学生本人，哪些问题又可以顺势询问他人，至于如何追问、问什么问题等，就要求助教必须非常明确当堂讨论的核心主旨。换言之，助教应当避免抽象地提出"对此大家有什么看法"这样的问题，而更应针对参与者发言中的具体内容来提问。再如，有助教会事先准备与小课内容相关的理论或知识框架，但如何更有效地利用这些资料还需要更多技巧。助教应明确这些事先准备的资料要发挥怎样的作用，如何整合到课堂互动中，才能助推讨论的深入和学生互学。笔者在课程观察中发现了一个常见现象，T 校的学生们都非常关注课程内的知识性内容，也能在助教介绍这些内容时很专注，愿意围绕这些内容展开讨论、澄清和质疑辨析等。由此可见,助教可以在小班课中适当讲授知识性内容,但要清楚地知道:(1)这些内容怎样和课程、讨论主题相联系;(2)理论或专业知识所回应的主题问题是什么?是如何回应的?(3)这些内容不宜讲解过多过细,其主要功能是提供背景以引发学生的兴趣,或者提供理论工具为参考以帮助学生进行更系统地思考,从而使讨论更加深入。

第五,小班讨论课应有很强的灵活性,助教要善于抓住讨论中有价值、有意思和值得深入的时机,适时调整原有的计划,注意课程的生成性,尤其是新助教要懂得利用讨论中的临场情境和问题去组织讨论活动。例如,某次课堂讨论中提到了"学生的退学率为10%"这个数据,大家都很感兴趣。这个情境就可以作为生成性的课程资源,助教现场引导学生对这个案例展开讨论,由此进行批判性思维训练,如(1)不同统计口径下的不同计算结果的内涵差异是什么?(2)要确认数据的来源;(3)数据的来源方、数据发布时机等因素都对数字公布所产生的效果有影响。又如,某次讨论的问题和学生的背景天然构成了一个存在差异的情境,助教可以在活动的具体设计中巧妙地利用这个情境,从而制造"冲突",以激发学生之间的讨论。

5.3　期末学习情况与效果分析

5.3.1　期末总体得分情况

课程时间表与研究计划将期末调查安排在第十六至十七周(2018年1月)。因为处于期末考试周,学生的学业负担较重,答题率相比期初有所下降。表5.2显示了学生的批判性思维能力与认识论信念的期初和期末得分以及3次写作作业的得分①。

---

① 学生的写作作业一共需要提交4次,其中第3次是由各班助教分别给分的,不具备可比性;因此本研究只比较分析第1次、第2次和第4次作业的成绩。

表 5.2　全班测试和写作得分的概况

单位：个，分

项目	时间	样本数	平均分	标准差	最小值	最大值
批判性思维能力	期初	103	4.27	0.49	3.20	5.86
	期末	98	4.14	0.49	3.14	5.46
认识论信念	期初	104	3.98	0.43	2.61	4.89
	期末	98	3.12	0.16	2.73	3.55
写作作业得分	第 1 次（读后感）	92	17.53	2.12	13.00	23.33
	第 2 次（书评初稿）	92	17.82	2.40	12.33	23.67
	第 4 次（书评终稿）	92	18.83	2.27	11.67	24.33

　　根据表 5.2 的数据可以发现，学生从第 1 次的读后感到第 4 次的书评终稿，平均得分总体呈上升趋势。比较期初和期末的问卷测试结果，批判性思维能力和认识论信念（EB）的平均分都呈下降趋势。需要说明的是，批判性思维能力和认识论信念的样本数是按实际提交的人数计算的，包括了 A、B、C 三个组。写作得分不包括 C 组；只要有一次作业未提交的，就被视为无效样本，即用于分析的 92 个样本均提交了 3 次写作作业；当然，本研究采样情况不影响学生这门课程的成绩。

　　表 5.3 说明了 A、B、C 三个组学生在批判性思维能力和认识论信念上的得分从期初到期末均有不同程度的下降，且认识论信念的下降趋势更为明显。三组的比较结果总体较为接近。

表 5.3　三组学生在两项测试上从期初到期末的变化

单位：分

组别	批判性思维能力的变化	认识论信念的变化
A 组	-0.18	-0.88
B 组	-0.14	-0.9
C 组	-0.13	-0.76

5.3.2 批判性写作水平的变化

根据上一小节中表 5.2 显示，在写作成绩上第 1 次和第 4 次有效样本都是 92 个，第 1 次作业平均分为 17.53 分，第 4 次作业平均分为 18.83 分，提升了约 1.3 分。配对组 T 检验结果也显示，标准误约为 0.2086，差异极其显著（P = 0.0000）。

表 5.4 分组显示了三次成绩的具体变化情况。其中，VA41 代表第 4 次作业得分和第 1 次作业得分之差的平均值，VA21 代表第 2 次作业得分和第 1 次作业得分之差的平均值，VA42 代表第 4 次作业得分和第 2 次作业得分之差的平均值。A 组学生的第 1 次作业得分和第 2 次作业差异较为大（VA21 为 0.72 分），B 组学生这次作业的差异相对小很多（VA21 为 -0.11 分）；就第 2 次作业和第 4 次作业的差异而言，两组学生得分的增加值都比较大（VA42 分别为 1.03 分和 1 分）。总体来看，A 组学生的作业得分在前后两个阶段都持续增长；B 组学生的作业得分则是先降后增，且增幅（VA41 为 0.89 分）远小于 A 组（VA41 为 1.75）。

表 5.4　A 组和 B 组学生在 3 次写作成绩的变动情况

单位：人，分

组别	人数	VA41	VA21	VA42
A 组	44	1.75	0.72	1.03
B 组	48	0.89	-0.11	1.00
A 组和 B 组	92	1.30	0.29	1.01

综上可以看出，A 组学生写作水平上的提升幅度高于 B 组。结合上一章的分析，这可能和课程设计有关，A 组小班的教学干预相对更加突出论证评估的内容。需要说明的是，由于打分组助教独立于教学小班，也不了解小班分为 A 组和 B 组的情况，因此来自评分组助教给分的偏误，对于两组来说是一样的。例如，即便是评分助教在期末时存在给分

更宽松的情况，这一点也无法削弱 A 组的增长幅度比 B 组更高的结论。

5.3.3　批判性思维能力和认识论信念的变化

表 5.5 显示，选课学生的批判性思维能力得分总体呈下降趋势，而且差异总体上是较为显著的。其中，全体和 A 组的期初平均分与期末平均分的差异极其显著（P 值小于 0.005 即可称为差异"极其显著"），B 组的差异显著（P 值小于 0.01），C 组则不显著（P 值大于 0.05 位不显著）。

表 5.5　批判性思维能力得分的变动情况

单位：个，分

组别	样本数量	期初平均分	期末平均分	差值	标准误	P 值
全体	96	4.29	4.13	0.16	0.032	0.0000
A 组	43	4.35	4.17	0.18	0.053	0.0018
B 组	40	4.24	4.1	0.14	0.049	0.0073
C 组	13	4.27	4.14	0.13	0.084	0.1384

第一，根据前文所述相关文献，认识论信念和批判性思维紧密相关。对认识论信念的分析显示，无论是全体样本，还是 A 组、B 组、C 组或 2017 级，学生认识论信念得分总体呈下降趋势，且差异显著。全体样本总共有 97 条有效提交记录，期初平均分为 3.99 分，期末平均得分为 3.12 分，下降了约 0.87 分，配对组的 T 检验结果显示，标准误约为 0.0460，差异极其显著（P = 0.0000）。

第二，从批判性思维能力的具体维度看，从期初到期末自信心降幅最小，且 B 组学生此维度得分有所增长；认知成熟度和求知欲的降幅则最为明显。具体到不同小班来看，B1 和 B6 小班下降幅度相对最小，A5 和 B4 小班的降幅最高；总体上相比 B 组各小班之间的差别，A 组内各小班变动幅度更集中。批判性思维倾向的不升反降趋势和其他一些研究结果类似。有研究认为，批判性思维教学应该考虑倾向与品格，加快思考/质疑/否定/自我反思的过程。具体来看，批判性思维能力整体下降，C 组不显著，而 C 组同学的课程经历和 A 组、B 组差异甚大可能对此会有影响（见表 5.6）。

表 5.6　批判性思维能力各维度得分的变动情况

组别和小班	学生总数（人）	提交样本数（个）	总平均分（分）	批判性思维能力各维度						
				求真	开放	分析	系统	自信	求知	成熟
A 组	46	43	-0.18	-0.13	-0.21	-0.22	-0.11	-0.06	-0.27	-0.22
A1	8	8	-0.15	0.04	-0.02	-0.09	-0.1	-0.01	-0.41	-0.44
A2	8	7	-0.11	-0.24	-0.03	-0.27	-0.19	0.27	-0.06	-0.29
A3	8	7	-0.11	-0.04	-0.3	-0.29	-0.06	0.06	-0.06	-0.09
A4	8	8	-0.22	-0.01	-0.22	-0.24	-0.2	-0.3	-0.24	-0.31
A5	7	7	-0.33	-0.21	-0.63	-0.33	0	-0.21	-0.69	-0.26
A6	7	6	-0.12	-0.38	-0.08	-0.1	-0.13	-0.13	-0.13	0.13
B 组	48	40	-0.14	-0.17	-0.12	-0.1	-0.15	0.08	-0.16	-0.34
B1	8	6	-0.03	0.12	-0.05	0.12	-0.28	0.28	-0.15	-0.22
B2	8	8	-0.17	-0.2	-0.2	-0.11	-0.14	0.15	-0.24	-0.44
B3	9	9	-0.13	-0.11	0.01	-0.14	-0.08	0	-0.26	-0.34
B4	9	9	-0.3	-0.46	-0.41	-0.19	-0.24	-0.12	-0.28	-0.41
B5	6	1	—	—	—	—	—	—	—	—
B6	8	7	-0.03	-0.2	0.11	-0.11	0.03	0.16	0.17	-0.36
C 组	13	13	-0.13	-0.18	-0.17	-0.18	-0.22	-0.01	-0.1	-0.08
C1	7	7	-0.12	-0.2	-0.2	-0.21	-0.11	-0.09	-0.04	0.04
C2	6	6	-0.17	-0.13	-0.2	-0.13	-0.13	-0.35	0.08	-0.17	-0.22
总计	107	96	-0.15	-0.16	-0.17	-0.16	-0.14	0.01	-0.2	-0.25

第三，从认识论信念的具体维度看，"学习能力"和"知识组织"维度的降幅最高，"学习价值"和"知识发展"维度的变动则相对最小。具体到不同小班来看，相对批判性思维能力来说，各小班的认识论信念得分变化程度的差别更小，其中以 C1 班降幅最小，A5 班降幅次小，A 组的整体变化小于 B 组但差别不大（见表 5.7）。可见认识论信

念的变化与批判性思维倾向的变化情况较为接近。这种不升反降的趋势和其他一些研究结果类似（周琰，2015；刘义，2014），其研究发现大学生 EB 变化存在大二的相对低谷期、整体偏 V 形发展的趋势。一个可能的原因在于从高中到大学的转折、思考和彷徨，初入大学的挑战和新的状况使原有的状态有了动摇，大学生普遍会先经历一个自我否定的过程。研究结果显示，本模式的干预可能会加速初期的下降过程。

表 5.7　认识论信念各维度得分的变动情况

组别和小班	学生数（人）	提交样本数（个）	总平均分（分）	认识论信念各维度					
				知识发展（分）	知识组织（分）	知识获得（分）	学习能力（分）	学习速度（分）	学习价值（分）
A	46	44	-0.88	-0.63	-1.19	-0.89	-1.02	-0.92	-0.72
A1	8	8	-0.84	-0.55	-1.34	-0.85	-0.75	-0.96	-0.72
A2	8	7	-0.79	-0.83	-0.79	-1.03	-1.07	-0.69	-0.38
A3	8	8	-0.69	-0.35	-1.13	-0.64	-0.63	-1.06	-0.53
A4	8	8	-1.2	-0.93	-1.47	-1.14	-1.33	-1.15	-1.25
A5	7	7	-0.58	-0.2	-0.89	-0.59	-0.74	-0.93	-0.25
A6	7	6	-1.21	-1	-1.54	-1.13	-1.78	-0.67	-1.25
B	48	40	-0.9	-0.81	-0.98	-0.79	-1.26	-1.02	-0.69
B1	8	6	-0.71	-0.4	-1.29	-0.83	-0.69	-0.67	-0.54
B2	8	8	-0.85	-0.6	-0.63	-0.62	-1.42	-1.15	-0.7
B3	9	9	-0.9	-0.76	-0.92	-0.77	-1.19	-1.24	-0.65
B4	9	9	-1.2	-1.38	-1.28	-0.98	-1.67	-1.11	-1.03
B5	6	1	—	—	—	—	—	—	—
B6	8	7	-0.7	-0.77	-0.61	-0.7	-1.07	-0.81	-0.32
C	13	13	-0.76	-0.6	-0.94	-0.81	-1.06	-0.91	-0.35
C1	7	7	-0.42	-0.2	-0.68	-0.6	-0.62	-0.79	0.21
C2	6	6	-1.15	-1.07	-1.25	-1.06	-1.58	-1.06	-1
总计	107	97	-0.87	-0.7	-1.07	-0.84	-1.13	-0.96	-0.66

5.3.4　批判性思维的综合能力有所提升

本研究通过对比批判性思维能力的前后测试结果和学生写作作业得分情况，再结合受访学生的表述发现，选课的学生经过一学期学习后，其批判性思维的综合能力总体有所提升。

定量数据对比分析显示，批判性思维能力及与此相关的认识论信念略有下降，如上一小节的相关分析，这种趋势和已有研究结论较为一致。此外，根据学生写作作业得分的变化和访谈中的反馈可以发现，选课学生的写作和阅读能力都有所提升，其中 A 组的写作作业得分的增长幅度更大。中期访谈的受访对象认为最主要的收获在于阅读和写作。写作水平的提升体现了本课程的定位和课程设计的特点，也反映了很多助教对课程主要目标和定位的理解。

在期中访谈时，很少有学生主动提到和批判性思维相关的能力与态度的提升，但到了期末访谈时，很多受访学生都明确表达了通过课程在思维上的收获，而且都是批判性思维所具有的特征。

（1）阅读时基于逻辑的原则去评估他人的论证。在谈及课程收获时，S04 反复提到了逻辑的训练："（我在这门课上最大的收获）应该是在思考方面。小课上讨论了很多节课的《论自由》，还读得很细，每周读一章，每个人都要发言；听学长说他们的看法；思维上抓住逻辑，有逻辑上的训练。高中接触不到，也不用接触这些，看书也不看这样的书，逻辑上的训练应该有一些……这本书不是特别好读，需要较强的逻辑去理解。以后还会接触一些这样的书，就算是自己写东西，也需要清晰的逻辑。"

（2）阅读时要考虑作者观点的对象、论证前提和立场等。对于 S05 而言，以前会忽略考虑一种观点的对象，但在小班讨论中对此有所感悟："小班课使我在思维方面明白不要太纠结于一些东西。小班课要求看中国哲学，我看的是孔子和老子，还爱把他们讲的话和日常生活相联系，我平时比较看重它跟我的生活有什么联系，有时思考这些东西主要是面向什么的，就是对象。助教和同学们一直都在提醒我，孔子或老子讲的话主要是面对当时的一些当权者，不要纠结，不要与自己的生活联系在一起，……那过后就不太纠结了。"对于 S06 来说，则是在阅读时注意作者的前提假设和立场："大概就是小班课上讲的阅读的注意事项。比如说阅读的时候要注意作者的前提假设，通过前提假设来分析作者的立场，这个我之前就从来没有想过。白教师在大课上讲西方历史以及分析历史的方法，我以前就从来没有听过……方法就是寻找文化的根源。"

（3）包容不同观点的态度　"（在思维方面）上了这门课有提升，思考事情更有条理性，学会去接受别人的观点，这也算一种能力"（S08）。

　　基于量表的外部测验结果和写作作业得分所反映的能力变化与学生主观感受有一定差异。通过反思教学设计和访谈，特别是在访谈中请受访对象将自己答题结果与自己的感受进行了比较，本研究分析认为主要原因有：①本课程最主要的内容是围绕阅读和写作的讨论，在课程实施中更强调批判性写作能力的培养；②对 T 大学的学生来说，批判性思维的水平在课程开始时就处于较高程度，加大了提升的难度；③学生在期末时的答题状态可能对结果有影响，包括答题的时间和状态、答题时会回想第一次答题，从而受到干扰，以及对题目的元思考等。"（期末测试的时候）大家比较忙，看到题目就不想做，回家之后再填，好烦啊。还有一点就是，问卷太长了……还有态度的选择不太客观，填表的时候会把自己填的好一点，高一点。判断不是那么清晰，比如 1 和 3 的差别在哪里呢？"（S04）"感觉第一次填的时候没那么吃力，为什么期末就有些吃力？我当时就在想，奇怪，为什么第一次我在填的时候，好像这个问题也没有那么难，为什么突然间就变得很难？看到同样题目时，先想为什么给一样的题？后来想可能比较方便计算什么的，但是就因为是一样的题嘛，我每次都会想，上次我填这个题目填的是什么东西？却又回想不起来。看到一样的题目就会想我之前是怎么想的，好像我之前没有觉得那么难……觉得有点痛苦"（S05）。"（期末的时候）我估计就是以前做过，就会想当时怎么做的，当时怎么做的，选啥"（S06）。

"第二次和第一次做的时候状态差不多。第二次可能对某些选项更包容……看到相似的题目，我不知道那个东西有没有标准答案，我是按照有标准答案去做的……我觉得就是这个出题人应该想让我们怎么想，认同那些选项，我觉得是这样……第一次和第二次做心态上没有太大的改变"（S07）。"第一次做的时候很正式，专门挑了一个时间，十多分钟就做完了所有的。第二次看到题目是一样的，就很随意地做了"（S08）。"第二次做的时候，因为有了第一次做的记忆，就有一种先入为主的思路，看到那个题，首先就想第一次讲的什么，会导致第二次很大程度上和第一次一样……就是做期末那个题的时候，很多和期中相同……对比起来没什么意义；期末结课了，想着出去玩，答的比较随便一些"（S10）。这些情况提醒我们第二次的重复测试可能存在一定偏差。

综上对不同类型数据的分析综合显示，ITCT 模式对学生的批判性思维发展总体有效。课程初期的数据反映出，选课学生的批判性思维能力处于"不明确"的程度。经过一学期课程的学习，学生的批判性思维综合能力有了一定提升。首先，学生的批判性思维写作作业得分有显著提高，其中受 ITCT 模式干预程度高的 A 组学生的提升幅度高于 B 组。其次，受访学生在访谈中几乎都明确地表示了学习本课程后在思维发展方面的收获，其中很多方面具体地体现了批判性思维的特征。那么，学生在批判性思维上的变化和本研究提出的整合式教学模式以及课程设计实施中的具体环节有怎样的关系？除思维发展外，通过该课程学生还有什么收获？在一学期的课程当中，学生对批判性思维的理解和学习的过程与体验是怎样的？要进一步理解本模式的有效性，离不开对这些问题的思考，后续各节将对此加以进一步分析。

5.4　ITCT 的关键环节分析

5.4.1　有效的教学环节及特征

前一小节综合定量数据和定性访谈结果分析认为，案例课程的学生经过一学期的学习后，其综合的批判性思维能力有一定提升。进一步结合访谈数据可以发现，本模型基于多样学习活动的模块化整合式设计思路，对批判性思维培养是有效的。

本模型的第一个主要特点是以学习活动为实践落脚点，课程中也显示了基于学习活动的模块化设计是有效的。由于学生的思维基础和个性特点不同，不同类型的学习活动可以给他们带来不同程度的收获，因此需要多样化的形式。受访对象大多谈到了印象最深的课程环节，覆盖了不同类型的活动，部分受访对象还特别指出其印象最深的课程环节对自己思维方面的影响。

与大部分课程不同，本课程由多种形式的学习活动组成，而且各个小班的助教在具体设计和实施上也有很强的自主性。课程形式本身的多样性对学习者来说很有帮助，如有同学认为"课程形式很丰富，之前没有接触过。既要写，又要读，还要演讲。大学很多课都是这样，都会涉及说的部分。这个课会让我适应这种方式"（S04）。

不同受访者印象深刻的具体环节或活动有颇多差异，除了主动提及与认同对思维发展方面的启发外，受访学生还提到了多方面的收获。"老师推荐的《极简欧洲史》……我看了后对欧洲的特色有了一定了解。课程引导系统地去看一个东西，看了之后才知道自己以前对欧洲的了解都是片面的、不完整的。有了那本书之后就系统一些了"（S07）。"首先就是读了很多书，对那些书有感受。以前读的都是一些闲书之类的，没有有针对性、有目的性地去读书"（S09）。"这门课可以强迫读几本书，我感觉这门课可以听到历史上的故事，会让我获得一些比较新的思维方式。我个人思考问题的方法比较有偏好，喜欢搜集这样的东西，就是不同的思维方式。而且我感觉这样的课没准儿啥时候就给人一些启发……《教育的目的》启发挺大的，主要就是结合自己的一些经历和身边人的经历。上清华被认为是这个阶段比较成功……我高中的那个学校，上清华的人还挺多。我很多考上清华的高中同学都是从小学习特别好，一直到最后都是第一名或前几名这样，但也有一部分不是，我就不是。我小学时成绩都是倒数……我只要认真去学了，下一次考试立马就上去了，之后一没学，立马就退下去……从小学到初中，虽然有时考得比较往前，但也从来没有当过特别拔尖的；我有的同学跟我一模一样，从来没有特别拔尖过。就像《教育的目的》中说的，可能碰巧撞到了那个节奏上。我小时候特别喜欢看纪录片、科普书，和别人不一样，订科普杂志，小时就喜欢看书，按照那个想法就是浪漫阶段。我'立事'也比较晚，所以……心理年龄增长比较慢……别人都可能在规训阶段出现叛逆期，我出现的比较晚一些，没有叛逆期，心理年龄和正常心理年龄中间有错开。我叛逆期到了的时候，自己已经有了控制的能力，意识到了，就安全度过去了……感觉《教育的目的》的阶段和自己比较像，但我感觉它那个说法可能不全面，它那个是西方的，可能比较适合西方的那个节奏"（S06）。"读书报告至少提醒我，作业要认真去完成，也不是完全没有要求"（S05）。"最起码所说的道理符合逻辑，正确的例证佐证自己的观点……上大学之后在这方面有提高。读《乡土中国》时从知网上下载过文献，并整合成自己的观点，有些文章的每字每句都是有逻辑性的，有论据支持的……（这些文献）助教建议我们去看"（S07）。

由此可见，深度阅读必读书籍为学生们提供了发展多种能力的情境，通过助教指导下的分析性阅读、讨论和写作等活动扩展了学生们思维练习的途径。结合受访学生对大学学习特点的普遍共识可以发现，本课程在繁忙的大学学习生活中"强制性"地为学生创造了集中的、目的性阅读的机会，这种阅读要求学生思维上的投入，进而有可能带来比较明显的影响。

除了小班课程外，本课程还包括大课和 MOOC。对部分学生来说，MOOC 和大课很有价值："最起码是对大学的精神；不是出于小班课，而是出自 MOOC；MOOC 上讲得很好……很多有名的大学提倡通识教育，高中开始了解一些；还有一个针对教师的要求，教学和研究相结合，要把学生教好，不是只专注于自己的研究……我觉得 MOOC 上讲的东西很好，第一次比较系统地接触……加深了原有认识"（S07）。
"MOOC 体系比较完整，学贯中西，从中国古代书院、牛津剑桥、德国
洪堡这样一条关于世界中国大学文化积淀流程，都是开着两倍速来听，
得到一条非常清晰的脉络，但也得到了非常多的这方面的知识；大班的
话，就像白老师说的，是给我们抛问题的课，听下来感觉问题越积越
多，大学四年把这些问题都留下来慢慢思考吧"（S09）。但也有部分学
生不太认可大课与 MOOC："大课和 MOOC 没有什么收获。MOOC 刷的
很崩溃，没时间看，讲的没有真人讲的好。大课时间太长，上着上着就
走神了，老师干讲特别累"（S08）。

　　上述学习活动主要从"输入"的角度给学生带来观念上或知识上
的收获，而以"输出"为主的活动，如展示、写作等则是从能力上让
学生有所进步。例如展示类活动中对学生发言的要求是基于批判性阅读
的基本方法："比如我做 PPT 和展示的时候，要理清它的思路；我们上
课也是，助教叫我们起来复述，就要摘出论点和论据。中学语文的话没
有那么正式，写作文还是很套路，就跟那种不一样。书上的论证有交
错"（S04）。"小课讨论和展示环节有对能力的锻炼。比如做展示、分
享别人观点、讨论、倾听别人发表观点。刚开始的小班每次都有一次展
示任务，每周做 PPT，觉得量大，事情做完后无论是 PPT 能力还是表
达观点、演讲能力都有一定提升……自己阐述观点，比如课上讨论问题
的话需要更清晰地把自己的观点说出来……倾听别人方面进步比较大，
我以前不怎么听别人说话或做演讲，因为课上要点评，还是得听，听了
之后学会顺着别人的话找到别人的思路。以前根本没有认真听，现在认
真听，感觉还是不一样的"（S10）。阅读分享和讨论的活动使学生们的
表述能力、倾听能力都有所提升。

　　本研究通过访谈初步归纳了不同类型活动有助于思维发展的特征。
其一，创造有利于讨论的轻松良好氛围。其二，"强制性"的思考时空
和专门化任务将多元化的参与者真正聚合在一起。其三，能够支撑思考
的丰富材料和系统的活动设计。从学习的交互维度来看，引导学习者之

间的讨论和互动，激发他们相互学习，需要细致的活动设计。

大部分受访对象指出"朋辈学习"非常有价值，提供了看问题的不同视角与经验，使他们收获颇丰。"老师说的朋辈学习很有用。在我的圈子里都接触不到这样的人。比如有一个学姐……思维很严谨的数学学长……物理系的同学很有个性……知道了大学的很多事情，也解决了很多困惑。进入大学后有迷茫，不是太明白。认识很多学长学姐后，学到一些东西"（S04）。"我们那儿有美国和马来西亚的同学，思想方式和中国有不同，看问题角度不一样。比如有次讨论《教育的目的》中关于数学教育的部分，书上说不应出现特别难、特别冗长的题目，这样不能训练数学思维的能力，完全是死记硬背，我当时就非常赞同这个观点。有个马来西亚的同学说，（冗长的题目）是对另一种能力，就是理解能力的提升，它本来就不想让你运用，就是训练你理解复杂东西的能力……讨论氛围挺好，后来还找学长要资料，同学间就都比较熟了"（S10）。"小班教学这种形式，高中从来没有。之前的学习一直都是上课听老师讲，下课找老师答疑，很少跟周围人讲；再加上宿舍周围的人的兴趣都不太一样，同学之间的交流比较少。从这门课感受到大学不仅是同学和老师之间的交流，还有同学与同学之间的学习……因为之前都没有上过这种课，上过之后觉得挺新颖的……就是说交流的机会，就是跟小班上的同学思想交流比较多，还有就是锻炼自己的演讲能力吧"（S09）。当然，创建朋辈学习的氛围是本课程一直以来的理念，课程以小班讨论为主的形式就是为了创建这样的环境。在这个意义上，本研究所提出的 ITCT 模式恰好与课程本身的特点非常契合。

宽松的氛围能够有效地鼓励学生思考、评价与表达，有助于学生在思维上的投入与体验，受访者对此非常看重。"所以我觉得说，能够听到同学的那些想法还是很有意思的。比如'缸中之脑'那个讨论蛮开心的，我还是蛮喜欢能在活泼的气氛下讨论，有时候讨论会变得很严肃，我不是很喜欢那种很严肃的气氛。小班课不会那样，同学之间慢慢会变得比较熟悉，不会觉得很有压力啊什么的……特别是到了后期比较能够熟络起来……然后也比较敢表达一点。其实我感到很意外啦，因为平时我一般都不喜欢跟陌生、不是很认识的人打交道，就像和对方已经面对面，很长一段时间可能我还是不会跟他们讲话那样。本来我以为小班课到最后都不会认识大家，但没想到小班课不到 16 周，就已经和大家相熟了，有些意外"（S05）。在某些学生的眼中，基于良好氛围的小班课程甚至更能体现大学的精神："我以前也看书，也有很多自己的想法。抽象的东西，有时甚至是有些严肃的问题。上小课是自我解放的过程，平时太压抑，上完课后找到了自己，甚至有点心理治疗的感觉。我感觉我上课的时候谈话，那种模式比较像，有慰藉作用……大学课程应该是讨论，这个小班课其实是还原和体现了大学精神。我以前看了很多民国时期的书，里面的大学生活就是青年之间的争辩"（S08）。又如学生们在良好讨论氛围下的思维方式体验："讨论的问题比较深。当时选书就是一位同学推荐《大学》，我们进行了逆向思维，提出为什么不选这本书。这本书的思想蕴含比较深刻，不适合一个学期速读。自己之前没有这种想法，就是对于某种书不适合读的想法。我们在小班里互相交流得出来的，就是每个人先说要读哪本书，忽然有个人说不支持哪本，后来大家都说不支持什么"（S09）。

除了良好的氛围之外，重要的还有专门讨论。任务聚焦的活动能够强制性地让学习者进行批判性思考，在促进批判性思维发展上有明显作用。例如，固定的时机："还有小班讨论能找到一个固定的时间，然后所有人不会跑题去讨论某个东西，其实挺难找的，不会打岔，这课不错"（S06）。会被强制性地改变平常的思维习惯："平时不太喜欢想这样的问题，我觉得太复杂了……我碰到一个事情的时候，需要去思考才会思考，平时不会多想，蛮怕这些东西，有选择恐惧症，想太多会比较麻烦。不太喜欢想这些东西，有的时候做选择，不知道有什么差别，可能没有什么差别，不知道选什么很麻烦"（S05）。"辩论也是一个强制性思考的东西，相当于……写读书报告，必须要想，包括当时辩论也得有点准备，也得思考一下，想到了以前没有想到的东西。比如当时辩论的是本科教育阶段是通识教育好还是专业教育好，当时我就突然想到为什么通识教育突然就火起来，好像在其他学校强调的没那么明显。当时想到一点，以前的教育模式是第二次工业革命的大生产，通识教育突然兴起跟社会生产力变化有关。我突然明白，取决于生产力发展的状况。我说生产力发展不够，所以专业教育重要；那他就认为生产力够，通识教育重要，谁说都有理。给我的启发是，这看起来好像是教育模式，应该和生产力有很大关系"（S06）。

这种专门性还包括在形式和内容上的特别设计。如 A6 班的批判性思维练习活动："举了几个例子，当时上课争论了很长时间作者的立场，到底哪句话可以表明作者的立场，还有作者的立场到底是什么？助教找了一些单独的材料。讨论热烈，主要是小班每个人的想法基本都不一样嘛，每个人认为作者的立场到底是什么，到最后没整明白……课上让大家找大前提和小前提，有时作者会隐藏大前提或小前提，这些隐藏的就是作者默认的东西，就是作者的立场。讲了这个东西之后，给了作者写的几段话，就说先不管作者写的怎么样，就是看大前提是什么、小前提是什么，得出的结论是什么，作者隐藏了什么东西"（S06）。专门设计的讨论主题供思维训练："其实我觉得很有意思的是在小班讨论课里边，助教会给一些很特别的题目去讨论……比如助教之前给了我们一个思考题，躺在火车上那个，K 同学那个命定论，就说他有上帝视角……哲学的问题，是我不太想思考的问题；太过深入思考有时会觉得不舒服，这样的课题不是我感兴趣的，但是讨论起来觉得他们讲的还蛮有意思的"（S05）。课程中分组讨论以及共同完成小组作业的任务："与同学合作的能力，经常分成小队，最终任务也是组队的。刚开始不是很熟，自己找人组队一起做 PPT，也是一种比较好的能力锻炼"（S10）。

除了活动形式上的设计外，还需要助教启发性的引导和精心的材料准备。比如助教的启发式提问和示范："助教的话比较倾向于启发我们去讨论，就是首先抛给我们一个他的小观点，然后从这个观点开始往下拓展。或者给我们一个例子、一个格式，比如他在介绍《极简欧洲史》时放了视频，通过视频理了一下如何评价，如何从纵向贯穿一本书的内容，然后从这个方向指导我们每个人为大家推荐一本书，做一个介绍"（S09）。有的小班讨论准备不太充分，没有考虑到学生们对一些议题并未掌握足够的材料："小班讨论没有系统性，每个人说的也没有论据支持，讨论的也不是很充分……我觉得最不好是同学们的知识面不够丰富，对某个问题没有很好研究，在谈论某个东西时，可能只是根据自己浅显的经历去评论……说的机会很多，但是如果肚子里没有东西的话，也说不出来什么东西。这是一个知识面的问题。说话的技巧和逻辑性主要体现在短时间内你能不能组织起要说的内容，让它有逻辑性、有理有据，这方面确实有一点提高，当然也没有那么明显。写作方面确实提高了一些，助教的批改建议有帮助。互评这个水分比较大，多数同学都是互相先大谈特谈对方的优点，然后指出对方的小小不足……当然我不是这样，我比较委婉地说了一下。可能大家都是为了维持人际关系吧，只要提出你的缺点的那个人说话比较有礼貌，就应该接受……他们针对我写的东西、做的演讲及其里边内容提出质疑，我给出了一些回答。有些事随机应变，（自己）没有想到（他们）会这么问，那个时候会编一些话说；有的是写的不清楚（但）心里清楚，（自己）会说出来"（S07）。

　　系统的、有组织的对话促进了学生之间的交流学习。然而，在原初设计中意图强调通过"讨论"示范和引导学生思维方式提升的尝试，效果并不明显。很多受访者能够明确提到某次讨论或某个讨论主题，但一般是因为这个主题本身有趣、激烈或特别，或者是因为自己对这个主题的想法有变化等；相反，很少有受访者提到自己的某个原有观念在某次讨论中受到了冲击/改变，或者自己改变了他人的观点。也很少有人提到助教在讨论活动中的具体作用，可能是因为隔了一个假期，较多细节被淡忘了，也可能是讨论本身没有触动学生在思维方式上的思考。部分学生对助教的教学有所反思，提出一些建议。综上，通过助教有意识的讨论引导来促进学生的思维发展的尝试有待进一步加强。营造互学的氛围和条件是促进学习的必要手段，有受访者就表达了对同学间缺乏沟通氛围的不满。这除了学习者自身需要努力改善，还有很多客观因素是制度可以干预的，如增加能够促进朋辈学习的小班课对学生的学习来说就有独特作用。

　　总而言之，ITCT干预的有效性主要体现在三个方面。第一，该模式能够将批判性思维的要求和课程目标、材料有机结合，为学生提供多种形式的学习活动，符合学生多样化的需求与特点。第二，在该模式的干预下，各小班的教学均不同程度地体现了整合式批判性思维教学模式所秉持的学习活动设计原则与理念，即营造鼓励与友善的氛围、为学生创设"强制性"的专门思考与集中讨论的机会、按照批判性思维技能的要求进行学习活动设计与课堂教学等。第三，该模式的方法和理念与案例课程的目标定位和既有的组织形式非常契合、互为促进；依据批判性思维的系统性和设计性的小班研讨能够更好地创设朋辈学习的环境，促进学习者多方面的发展。

5.4.2　作为能动者的学生及其作用

　　大学生在课程学习中不是被动的接受者，而是能动者。然而，作为"能动者"的学生显然不会积极投入到所有的课程学习中，也不会对同样的学习内容做出相同的反馈。在本研究中，学生们的课程学习结果与其自身已有的发展状况密切相关。他们一方面依赖自身已有的思维状况去体察课程的效果，另一方面也会对其进入大学后的自身发展有所察觉。

　　第一，开设本课程之前，有受访者对批判性思维有所认识和了解，这主要源于读大学前的生活经历或自我思考。如S08说："（就自己理解的批判性思维而言）我觉得我挺强的……一开始完全没有，一直没有。初中的时候突然受到了很大的世界观冲击，就开始怀疑质疑。原来爸妈用儒家思想教育我，从来不知道世界上还有伤害、肮脏、龌龊等。

高一暑假看了巴金的《家》，给我很大影响，提到了反抗，有了进一步提升。后来我看了《孤独六讲》，教会我去想一些更加深入的东西，独立意识到自我的概念。当时特别激动，现在就很平淡了。"或者源于自己在中学的学习经历，S05 说："我有印象讲过批判性思维这种东西……对我来讲，质疑、考虑合理性、然后脑洞开大一点。高中英文考试的时候有这个部分，给一篇小文章，而后问中心句是哪个等问题。我在这部分要么对很多，要么错很多，不知道为什么，很多时候觉得每句话都是错的。"或者是在大学中的很多场合都会提及，S10 说："批判性思维提的太多，很多人在说。"S04 说："（对批判性思维）特色班的教授讲过。"S06 说："之前应该就有接触，大概小学二三年级，在蔡志忠漫画《老子说》中看到过，有一些感触比较大，看懂的就是'相对'，后来理解批判性思维就是从这块儿演绎过去的……以后看什么书都知道，作者告诉我的东西有一部分是对的，有一部分可能是不对的。小学五年级的时候重读《老子说》漫画，当时就想老子说的也不全对……课程对批判性思维会有帮助。应该是种方法，不用自己瞎想，多一个工具性的东西。"

他们认同批判性思维的重要性，同意大学应当培养学生的批判性思维。例如，S08 说："批判性思维非常重要，如果不去质疑的话，怎么说呢？很难说，很重要，但是很难说出来。因为教你东西总是人，会犯错、有缺陷。要怀疑，要得到自己的东西。如果只去接受的话，是别人复制思想。你不去质疑的话就没有了解的可能……大学应该着重培养。不过，不知道为什么现在大学里都很少有类似的课程。"S10 说："（批判性思维）重要，肯定重要。"S07 说："我觉得大学非常有必要培养学生们的批判性思维，可能不同的人对批判性思维掌握的程度不同，要求也不同，对学术大师或科研人员要求高，有些老师会引导锻炼这个批判性思维。"

他们能够对批判性思维有自己的理解并用语言表达出来。从受访学生的回答可以看出，他们理解的批判性思维主要涉及独立思考和质疑等特征。"我理解的批判性思维是指不能简单地看待事物，要认真地思考，不把没有经过思考的事情看作是自然的。哲学家就有批判性思维，比如我看过的《苏菲的世界》，记得泰勒斯说万物起源于水……小的时候不会怎么想，长大了之后才知道人是怎么来……人云亦云的时候，要思考一些事情"（S04）。"我不知道批判性思维的准确定义。我自己的想法是对学到的东西应怀有质疑的精神，它可能是正确的，也可能是错误的"（S08）。"看待问题的时候不要局限于他人对这个问题的看法，要在自己认知的基础上，从自己的角度去判断和思考，这样的思维才是自己的思维，而不是从别人那儿摘取的思维。只有用自己的思维看问题，创新能力和创造能力才会更强。（你这方面的能力有变化吗？）我觉得有提高，但我不知道是不是批判性思维的效果。比如有人说上了清华以后会特别难、特别累，某门课程很难学，以前听到会有些害怕，现在自己真正接触后，再听到别人的判断也不会突然感到害怕或者妄下定论，因为不是建立在自己能力知识上的判断，对别人的判断都会更谨慎一些"（S10）。"是质疑，我觉得他抛出一个东西，从是什么、为什么、怎样等多个角度去质疑这个东西。自己以前从某一篇推送上看到的，记不太清了。（你自己什么态度？）老师说得很有道理……网上有很多评论，会从多个角度分析。我对这些既不支持也不反对，因为当我对某个东西知之甚少时，自己会觉得没有那么大的发言权，而且不同的人叙述同一件事情都不一样，比如说 A 叙述出来的有利于 A 自己，B 叙述出来的有利于 B 自己。对我来说，就是不轻易评论他们的说法"（S07）。"专业上的思考应该需要将思考对象的范围缩小一些。我要解决这个问题，如果只是看着这个问题，我永远不能很好地解决。最好是通过这个问题联想到其他事情，看看有没有什么事情已经解决了这个问题，是如何解决的。这种思维方式把看起来没有关系的事物整合在一起，发现事物间的关系"（S06）。也不乏少数同学有较全面的观点"首先就是不能盲从，对任何东西都要有一个自己的思考，从实际的角度出发，因为很多知识都有一个适用的条件。批判性思维在自己所处的适用条件下，思考这个问题正确与否。从这个角度可以更加发散地去想，在各种情形下他的观点是否正确，甚至说他的论据或者他的论断的方法中间（如果）有任何的纰漏，都可以进行驳斥"（S09）。

除了在访谈中应研究者的要求对批判性思维进行了直接的说明，部分访谈者还显现了自己批判性思维的能力。"不去质疑就不可能理解。其实刚才我说的（关于批判性思维的）说法还挺成立的，漏掉了批判自己。我经常反思自己，比如我的问题到底是大学的问题还是自己的问题，我做了很多深刻的反思，我自己的问题是一方面，大学也存在一定的问题，没有完美可言，但不完美的程度有些大"（S08）。"我感觉中学和大学特别不同，中学就是用你在课本上学到的知识去解答问题，而大学能够用你想到的所有东西去解答问题。中学写一篇作文，对同学们的逻辑性要求不高，有些人意识到了逻辑性的重要，有些人可能没有意识到……我觉得这是需要的，最起码你要知道最终四五年之后、十年二十年以后想要什么，现在为了想要的采取什么做法，我现在多去涉猎一些，对我将来都会有帮助，不是说只看某一方面而其他都不看了。我对这点比较明确，每当我看到人们在网上侃侃而谈，或者生活中的某个人对某个问题有很清晰的认识，我就很佩服……《教育的目的》我感觉倒是教育者应该读的书，书里的部分理论结合得不是很好，反正我觉得我们处于按部就班的阶段，并不是在某个阶段要培养什么能力"（S07）。"感觉《失去灵魂的卓越》那本书写得挺扯的。感觉全书说了哈佛的不同问题，而在后记还是序中又说 2001 年新校长上台后这些情况有所好转。后来（我）调查了下这个作者和哈佛校长，发现作者开始写这个书的时候是上一任校长刚上任第二年，等那个校长下台、第二个校长上台后这本书出来，给我的感觉就是作者在哈佛待得不爽才写了这本书，可能问题并没有他说的那么严重，有点夸大"（S06）。可以看出，同学们特别是 S06 对课程和阅读书籍的评价在一定程度上体现了课程的目标要求。

由此可以看出，学生们对批判性思维处于半理解半模糊的状态。

受访者大多对批判性思维有所了解，认同批判性思维的重要性，能够理解批判性思维的部分重要特征，有些人还初步具备了一定的批判性思维能力。然而，他们还不能全面地认识到"批判性思维"的多义性，对批判性思维的直接理解侧重于独立思考和质疑等特征，虽然有些同学强调了逻辑的重要性，也有同学表达了自我反思，但学习者们还是不能认识到不同要素之间的有机联系，不能从批判性思维的角度整合地看待上述不同特征。S06 说："（描述了前提假设的活动）……对，接触不是很多……有可能说了，但是记不清了，我一般都只记住方法，记不住这些概念。"特别是批判性思维的自我反思特征，只有一位受访者主动将自己视为反思客体，绝大部分都没有自觉地从自我反思的视角回顾自身经验的特征。甚至有学生还处于懵懂状态，"大学对我的思维发展潜移默化，默默地有一些影响，（主要是对于）经验方面的东西……但是课程的帮助还不知道"（S05）。

此外，受访者还表现出了一定的批判性思维"自信心"，认为自己在一定程度上是具有批判性思维的。这既有上大学之前和日常生活中觉察的基础，也有本课程对其认定的批判性思维发展的影响，是"强化"了自己已有的一些观念。S04 说："这个课程可能强化了我的认知，以前只不过是有大致的概念。有一定作用，也不是特别强……（通过课程）写了一些东西，做了一些讨论，如果之前没有，现在就有些意识了，如果已经有意识了，现在就进一步强化了。学时太少，不能说写了就有，会有一些，但不可能特别明显，需要更长时间。"S10 说："（课程对批判性思维培养的作用）可能有吧……比如有一些人说大学重视GPA 那种机制性，力求考到 4.0。白老师说与其追求这种多余的分，不如去看看书或者培养自己其他的一些能力。我觉得我也受到白老师这个话的影响，我就不会去追求满分，比如 4.0 更好 3.7 也不错，不会为了专门拿这个满分做特别多的事情。我会拿这个时间培养一下自己的兴趣啊，做一些其他的事情。小班也有，就是学长学姐的一些观点和我之前听到的有些观点，是不太一样的。我重新想了想，之前是没有仔细思考就接受了，实际上应该多询问一些观点或者自己亲身经历以后再做出判断。"S08 说："（课程对批判性思维是否有帮助？）小班讨论可能有吧。我其实更像是习惯性地用质疑的眼光看东西，大学时就非常悲观，经常全盘否定生活。上了小班课之后，有种重拾信心的感觉。不会让我的思维完全偏颇，有了更多积极的方面。"S07 说："（课程对批判性思维是否有帮助？）有，不太显著。白老师在大课上确实有引导，多次说可以来和我辩论讨论，他鼓励我们互相讨论，但小班讨论课的这种批判性思维没有那么明显。"S09 说："（你觉得你对批判性思维的这种理解和认识是怎样形成的？）首先我觉得我们小班课的批判性思维比较浓厚，大家喜欢互怼。平常生活中听到别人说话或看到别人写的东西，会经常思考其中的逻辑联系或逻辑漏洞之类的。（对逻辑感兴趣？）平常会这样想。"有部分学生表示上大学后，批判性思维有所发展，也有部分学生认为大学课程对批判性思维的发展有消极作用。学生们表达的一些收获是批判性思维内涵的重要方面。

简言之，学生的批判性思维体现了发展中的特征。一方面，他们具有较强的批判性思维自信心，对批判性思维的概念内涵能够有所认识，在技能上总体水平也不低。这种自信心和本来较高的水平与样本对象本身的特质相应——"双一流"大学的本科生具有较强的思维能力。另一方面，对批判性思维的理解还不够全面，大部分受访者没有表现出强烈自觉的自我反思意识（在元认知意义上的自我觉察），可能会使他们缺少了需要提升和发展的足够动机。受访者对于如何更好地培养批判性思维提出了一些建议，包括专门训练、适当的材料以及更多时间等，但表达出有迫切需求的受访者并不多。从学习的动机维度来看，清晰地表达目标并能引导学习者对此思考和认同是激发学习动机的一个重要策略，对样本课程的学习者来说，单纯从思维的角度去引发兴趣有一定难度。

第二，他们能够体会到从中学到大学的巨大变化，以及自己面对这些变化而产生的改变或发展。这对个体思维的发展有相当影响。

　　大一学生的一个重要变化是对学习的认识。受访者对大学学习最明显和最大的共识是学习节奏和学习速度的加快，学习者无法再像高中那样对内容细嚼慢咽。高中学习很轻松的优秀学生进入大学后必须花很多时间在课下琢磨，但上大学后的事情又很多，时间非常紧张。"包括大学学的东西、讲课的速度等都超过预期许多。初中、高中养成了上课不听课的习惯，因为中学讲得慢，自己看得快；大学上课听老师讲还听不明白，不知道老师讲了什么。上学期微积分最后面的那个高阶微分方程，我就是想了好长时间才想明白逻辑是什么。这学期还好，刚开学"（S06）。"感觉认识论信念量表总体下降比较多。觉得这方面我一直都差不多……我认为要循序渐进地去学，但大学一个学期比较短……现在的课程是上完一门结一门，不像高中一直上。要养成新的思维，不能想着总会有时间，一学期之后课就没了，要在有效时间内做一些针对性的训练。不能像高中那样细水长流，高中时间特别多，高三一直在复习。现在学习之后，要自己组织复习之类的，期中、期末考试前的一周时间比较紧，系统复习的时间也比较少……除了作业以外，也不像高中天天做题，要自己学会安排做题的时间，适应短期内学习的方式"（S10）。

　　另一个就是大学学习的多元性，没有唯一正确的答案，要学会提问题。"对学习的看法和高中差距非常大。当时参加骨干培训，老师说不要把大学当作高四，高中那种学习的方式必须要改。高中是把那个正确答案作为一个追求的目标，而大学要把自己认为正确的答案当作一个追求的目标"（S06）。"上大学以后不是问题越少越好，而是问题越多越好，对周围的事情存在越多的疑问，就会思考越多，自己的思想要深入一些……如果没有什么疑问，按部就班那样，就没有什么大的成长。上大学之后进入一个新的环境，生活方式、学习方式都跟以前有特别多的不一样，这种很纠结、很疑惑。自己慢慢想，渐渐对问题有了一些更深的看法。平时确实多一点疑问，感觉在大学收获了更多的东西……比如刚进大学时，我对之后要学什么东西、专业或者做什么方向都不是很了解，经常怀着一些疑问。于是就去问老师、与同学聊天、网上搜资料等，在探索过程中对一些领域有了大致的了解，可以说对未来方向的选择有很大帮助"（S10）。"中学就是跟着老师走。大学虽然也是根据学校的课程走，不过自己的空余时间多了许多。上大学后更自由了，上课可以去，觉得老师讲得不太好，可以换个老师，甚至退课。如果觉得教师讲的这段和经验不符，可以和老师讨论，并不是说他们说的就是对的，你说的就是错的，可以平等对话。中学基本就是标准答案那种"（S07）。

很多受访者表示学习并非最重要的事情，这既是自己的切身体会，也是很多学长学姐、教师和辅导员等的一致看法。学生们意识到面对大量新的知识要设立合适的目标，并在有限的时间内快速学习达到目标。学生们也知道要自己去做选择，学习的相对重要性降低了。与此同时，通过课堂观察和访谈还可以发现，学生对"知识"本身的重视和兴趣展现了学习者的好奇心，能力发展要考虑以知识为基础。

S06 说："上大学后，学习不是唯一的事情，还有很多其他的……高中看中成绩，上大学没把成绩当作非常重要的事情，《失去灵魂的卓越》里有些话说得很对：大学是把人培养成人的地方。学习并不是最最最重要的，还有其他的事情需要去做，如社工。所以我感觉我现在做的一些事情更重要，会选择把学习放一放。以前认为思考学习以外的事情是浪费时间，现在不这样想了。比如高中一般都是晚自习写完作业，写得快。大学不会那么做，作业只要按时交上去就行，写作业不是很重要……以前比较怂，各个方面都有点。刚上大学时，班级活动或团委任务，自己会担惊受怕好几天，后来发现其实也没那么可怕，包括刚开始开个会感觉非常庄严肃穆，现在好多了……以前有事找老师，也会纠结好久，这学期好很多。""书本上的知识没有那么重要了。一方面是学习方法的改变，高中主要做一些教辅或阅读老师规定的某一种书，上了大学以后就是读各种各样的参考书、找老师答疑、上网找资料等。另一方面是大学的学习成绩不是唯一的评判标准，周围有很多同学各方面都很优秀，学习成绩只是一个方面。自己在学习外的空余时间可以参与一些自己觉得有意思的东西……包括体育、社工、志愿者之类的，都是评判一个人能力好坏的标准，所以说这应该也是一个好的大学和一个技术学校之间的差距……社交活动多了很多，高中基本没有什么社交活动，大学有了更多和人打交道的机会"（S09）。"进入大学后全都是陌生的同学，怎么与人相处、怎么和同学搞好关系等都有问题，后来在大家一起学习、一起生活的过程中就慢慢找到了一些门路"（S10）。

　　面对大学生活特别是学习上的巨大变化，学习者的自主学习意识有所提高。这种自主学习相较于中学的学习来说，已经不再是怎样更好地完成目标、取得好成绩，更多的是自己去选择和确定目标，进而通过自我管理达到自己的目标。"自己看书的时间和同学的相比算是多的。我习惯六点多就起床，做些昨天没做完的事情，七点钟去吃饭，七点半不到就到教室了。最开始的那段时间就是看手机，后来觉得不能总看手机，就看书。即使上第二节课，也不会晚于九点。包括两节课之间或周末有时不想写作业，我都会看书"（S06）。"首先就是独立自主。上大学之前课程都是定下来的，现在要自己选课，也没有固定的班，自己去上课。这种全新的方式和以前很不一样，所有的事情都要自己做主……然后就是感觉自己做选择会更果断一些，没有以前那么犹犹豫豫。以前就是学习和玩，上大学以后，对于未来会想得比较多，现在暂时有一个比较清晰的规划……还有就是上大学这么久了，懂得主动去争取或抓住一些机会。比如我想转专业，我可能会直接去找相关专业的班主任或导师聊一聊，主动为自己想做的事情做准备。大学里举行活动也不像高中那样强迫报名，一个活动推出来，如演出或比赛什么的，可以自己选择是否参加，这种自主的判断（如要做什么、应该准备什么等）促使自我掌控能力更强了。大学以自学为主，我们高中时也强调自学能力，每天晚自习老师不讲课，从五点到十点都是自己的，作业写完后都是自己规划安排自己该做什么事情，所以比较适应"（S10）。"其次就是个人的兴趣爱好在大学期间有了比较大的发展，虽然学习压力挺大，但真要想抽空做一些事情，还是能够抽出时间来的。这就要求自己学会更有效地管理时间，比如协调规划自己的时间、目标、人生以后的方向等，这都是这个课程给我的一些启发"（S09）。可见，有些学生目前还只是狭义地理解"学习"，一说到学习就是指课程和知识。不是说他们不知道能力与个性发展的重要性，相反都知道并且有所行动，只是没有广义的去理解"学习"。这样造成的影响就是人为地割裂了知识、能力和价值观之间的联系，无助于全面地认识它们之间的关系；而且狭义地理解学习也不利于激发学生强大的学习动机，特别是如果总将"学习"视为课程不得不完成的任务，会人为地将其置于内在动机的对立面。长此以往，这样并不利于培养终身学习的能力，而批判性思维的培养需要基于终身学习的视角。一般而言，学者主要看重批判性思维的技能和倾向要素，特别是有逻辑学背景的理论家强调依托论证逻辑技能，有学者专门讨论了两者兼容的教学方法。还有学者特别强调不要忽视人格、价值观的内涵，并通过对话教育加以引导。从教育角度，我们亦可以将批判性思维视为一种学习方式，包括信息处理的过程、深思熟虑的动机与意愿等。总之，可以讨论如何凭借学习者学习观念转变这一契机，促进批判性思维的发展。

此外，由于课程进度较快，以数学课为例，学生们普遍认为还是以灌输为主，教师在课堂上的教法和高中老师的教法并没有本质不同，甚至有些课堂氛围并不宽松，有些同学对此感到失望。"我上大学物理课的时候，有个同学提了一个可以探讨的问题，即使答案那么显而易见，大家也不应该用轻蔑、起哄的态度，我觉得很糟糕。还有就是数学系的专业课，老师问什么问题，大家都没有反应，有点压迫的感觉。小班课就有趣多了，气氛特别自然、轻松，可以随心所欲地探讨社会问题，讨论自己的看法。我后来知道我的小班课和其他小班课不一样。我的两个舍友，一个跟老师，还有一个跟另一个小班，每天熬夜做 PPT。课上布置的写作之类的任务使能力有所提升，发现自己真的擅长做这些东西"（S08）。由此可以看出，专业课程特别是专业基础课在培养批判性思维方面存在客观条件的限制，在很多专业课中只能当作是副产品，让学生自己去"悟"。因此，必须设置一些专门课程或专门突出批判性思维培养目标的通识课或部分专业课。专业课整合可以采用模块式整合原则，讲一些专门知识，做一些结合专业材料的训练。最重要的是，给予学生专门的、足够的，甚至"强制"的思考。

5.4.3　提升关键环节的作用

通过对比不同组的小班课教学效果发现，受本模式干预较深的 A 组学生的写作水平有显著的提升（A 组有更多突出批判性思维的学习活动），而受干预浅的 B 组中的两个小班的效果相对突出（助教或较有经验，或课堂中讨论更为聚焦和深入）。本模式干预的路径包括直接干预总体的课程设计和间接地通过培训与交流来引导助教具体教学，结合课堂观察、学生与助教访谈，研究者认为可以从以下三点考虑提升本模式中关键环节的作用：（1）纳入更专业的批判性思维技能活动的模块；（2）提高教学者在对话讨论中的引导和示范能力；（3）在收敛式讨论和发散式讨论的设计上取得平衡。

首先，专门的批判性思维学习活动的必要性。专门的批判性思维活动指的是围绕批判性思维的学习任务，掌握这类活动中的课程学科内容不是主要目标，而主要是为思维发展提供情境和资源，包括相关知识的讲授、聚焦于思维技能习得或态度激发的讨论等。本研究并没有对各小班专门的批判性思维学习活动做出统一规定，只是通过访谈发现，少部分小班设置的专门内容有积极影响，但由于规模太小、样本有限，无法在定量分析中体现。尽管大部分受访者都解释了自己所理解的批判性思维，但实际上并不容易理解和掌握，正如 S10 所言"批判性思维挺抽象的"。由此，需要更具体的内容加以体现。如 S09 建议："主要问题还是在大班上，大班的知识密度比较低，主要是给我们一些启发思考的东西。因为刚进校的时候很多东西都没有思考过，突然抛出一个这样的问题，就很懵。如果能稍微多教授一些知识性的东西会比较好，如一些方法、一些思路、别人如何做的等。"当然，这个建议主要是针对大班教学，但也提示我们，对大学生而言，无论是启发问题意识还是能力上的教学诉求,更为实在的知识性内容的价值不容忽视。通过课堂观察我们也发现,对教学者密集的知识讲授,学生们的注意力都非常集中。从学习内容来看,批判性思维的培养应该和知识讲授相结合,批判性思维的内涵有相应的知识体系,而知识是批判性思维的重要对象。与本课程类似的通识课程需要给学习者提供一个相对发散的内容和开放的讨论环境,更需要教学者在澄清内容的基础上直接整合批判性思维。另外,对样本学校的学生来说,知识性的内容有助于激发他们的学习兴趣,这就需要专业课的教学者们主动去学习一些批判性思维的理念和基础知识,才能选择确切的内容整合到专业课中。

其次,提高教学者对讨论的设计、引导和示范的能力。引导学生互学不容易,教学者需要学习如何引导讨论、创设情境、明确目标等教学策略。一些学生建议精心选择和准备材料。"我觉得读的书需要选一选……有的书写的那些东西有大段论证……适合去评估论证,看不懂,就会想为什么这么想"(S06)。"小班讨论可以在每个题目讨论之前发一些材料,这样可以就事论事……我们只是给出一个话题,然后自己准备一下,但基本准备也不是很多。接着就是每个人轮流发言,说完了互相点评讨论一下"(S07)。一些小班中很容易出现"师生对话",助教需要通过提问巧妙地将对话引向"生生对话"。值得注意的是,讨论一定要有一个共识的结论吗?如 S08 说:"有一次关于生命教育的讨论特别不成功,这个问题太难了,大家难以达成共识……前面一次讲性教育,讨论很成功,大家的看法很统一。助教忘了一件很重要的事情,生命的事情说不准,我当时的想法和他人的想法就出现了严重矛盾……后面都不知道在讨论什么。"在这种情况下,如何在分歧中达成课程目标是教学者需要提前准备应对的。从课程功能的另一个角度思考,小班讨论其实是在元认知层面对学生的示范和提醒,必要的时候需要教学者对此加以明示。在理论上,从学习的交互维度来看,引导学习者之间的讨论和互动,激发他们相互学习,这需要足够的知识输入作为前提,而细致地、适当地、有层次地设计讨论问题，以及特定的、专门的讨论规则是基础和保证。要循序渐进地培养学生的习惯，启发学习者在元认知层面去思考讨论活动的定位和目的。从激发学习的动机来看，清晰地表达目标并能够引导学习者思考和认同是一个重要策略，对样本课程的学习者来说，单纯从思维的角度去引发兴趣有一定难度：一方面，学习者的思维能力相对较高；另一方面，只讲思维发展容易流于空泛。

最后，平衡对话和讨论中的"收敛"与"发散"。前述小节中发现，受限于助教自身的经验，很多小班的学生甚至助教在讨论中都很难真正地体验到基于思维标准的对话。与此同时，无论是学生的反馈，还是助教的反思，都强调宽松的讨论环境的积极作用，特别是一些助教希望讨论的议题和方向更多是"开放"和"发散"的。那么，这两者是天然的内在矛盾，还是可以通过更高水平的教学技巧加以融合，对教学者提出了巨大的挑战。

第 6 章
结论与建议

6.1 ITCT 模式的内涵与特征

本书针对子问题一，提出了一种整合式批判性思维教学（ITCT）模式。ITCT 以基于多元学习活动模块的整合为基本思路，在具体教学设计上依据批判性思维培养的理念去调整或新增课程目标、课程大纲和课程学习活动，在教学实施上综合运用对话、探究和情境化三种核心方法与策略，力图建构出与既有课程框架相整合的、能促发学生批判性思维发展的学习情境。

对批判性思维培养的理论分析是 ITCT 模式的基础。本书对批判性思维内涵进行了解读，构建了理解批判性思维多元内涵的概念框架。批判性思维是一种涉及推理判断和逻辑的思维品质，包括技能与倾向等基本成分，具有以评估判断为首先目标、以思维本身为首要对象、以反思质疑为基础等基本特征。本书提取批判性思维的核心与基本特征建构了一个解释性的概念模型，并由此做出了一个工作定义，即个体的批判性思维是以"有理有据"为基本原则去评估论证、信念或行动的思维品质，具体包括相应的意愿与能力；其中，"有理"主要是指符合逻辑地标准，"有据"指的是要有证据的支撑。

本书进一步从学习理论的一般观点出发，分析了主要的批判性思维教学的理论与实践方法，它们对学习内容、动机和互动三个维度都有不同考虑。内容维度的考察揭示了批判性思维内涵的多元性表现为学习内容的丰富性；动机维度的考虑提示我们，批判性思维的学习要理解其目的、意义和价值，既有的教学模式中常常利用联结或制造冲突等策略来帮助学习者提高；互动维度的考察强调批判性思维的学习除了师生对话外，还要特别重视生生互动和同伴学习的作用，并指向基于批判性思维的学习共同体。在此基础上，本书提炼了批判性思维学习的"探究""对话"和"情境化"三个关键要素。它们既是已有的批判性思维不同教学模式和方法的突出特征，也是批判性思维内核理念的直接投射，集中体现了从学习出发考察批判性思维的内涵特点。简言之，学习批判性思维既包括掌握相关的思考技能和标准，也包括形成具有求真好思等特征的思维倾向，并内含于普遍意义上的深层学习之中。促发探究、鼓励对话和营造适宜的情境是批判性思维培养的关键要素，本书由此形成了融合运用的理论框架，并参考教学设计的一般方法提出了 ITCT 的设计原型。

在设计原型的基础上，ITCT 模式的应用层模型体现了"学习活动链"的特征，即批判性思维的整合体现在课程目标、设计大纲和多元学习活动模块化等各个方面。具体在本书的案例课程中，首先将教学能力目标集中在培养学生提出问题、初步的学术性阅读和表达等基础能力上，为此，本书提出了批判性思维培养的细化要求。其次，结合本轮课程教学大纲的具体目标和课程设置惯例，调整设计了学生在三类小课上的学习任务和各次小班讨论课的主要内容，以小班讨论课的内容安排为线索，结合批判性思维学习的节奏特点，突出了两个阶段的安排，即活动的目标与内容重点从"弱"的批判性思维（所谓"他说"）逐渐过渡到"强"的批判性思维（所谓"我/我们说"）。最后，本研究将学习活动提炼为讲授、展示、讨论、游戏和独立作业五种基本形式，讨论了不同形式的活动中整合批判性思维教学的一般方法，并通过培训、沙龙、讨论、参考指南等形式，鼓励带班助教们结合批判性思维进行具体的活动设计。正如图 6.1 所示，在 ITCT 模式的干预下，课程安排呈现出批判性思维"学习活动链"的结构，在目标（图中带箭头线条）和两阶段大纲设置（图中虚线示意）的基础上，由五类基本学习活动将批判性思维教学的基本要素进行不同程度的整合（体现为图中五种几何图形上红色的有无或深浅不同），进而如链条般组合成课。这种链式结构的课程安排既具有模块化、"积木"式设计思路的灵活性，又强调了学习活动组合成课时要重视内在的一致性与整体性。

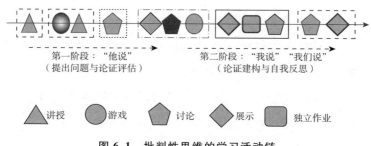

图 6.1　批判性思维的学习活动链

本研究提出的 ITCT 模式中的"整合式"有多重含义。第一指的是以学习活动为基本单位，将批判性思维培养整合到课程教学中的方式，既包括依据批判性思维要求对课程既有的学习活动进行适当调整（包括活动规则、学科内容使用等各方面），也包括在课程中适当嵌入专门的批判性思维学习活动的模块。这一模式要求教学者在课程中安排更多促发学习者互动的活动，并不断反思自身的教学行为。第二指的是与课程在整体上的有机整合，而并非机械性结合（如"镶嵌"与学科内容无关的批判性思维教学的模块，或者单纯地告知学生本课程有批判性思维培养的目标等）。为此，本模式在课程实施上策划了目标、大纲和具体活动设计三层次的统合路径。第三指的是对不同方法的整合，教育者们在既有的研究和实践中提出了多种批判性思维的教学方法，我们发现甚至可以说任何一种常规的教学方法都可以用来进行批判思维的教学。由此，本模式的设计能够支持教学者根据课程实际需要灵活采用多种方法（如师生间的苏格拉底式对话、学习者之间的讨论、专题讲授等）。第四指的是本模式的理论基础是整合学习理论的一般观点，对既有的批判性思维主要理论的分析而建构的理论框架。

第二，研究通过基于实践案例的设计研究，初步证实了基于学习活动的模块化设计思路的总体有效性。ITCT 模式所代表的综合性批判性思维教学与以往常见的批判性思维培养方法有所不同。不同于所谓"一般法"的专门的批判性思维课程，本模式不会受到专门师资和其他教学资源的限制；不同于所谓"注入法"未能清晰地说明一门课程中的批判性思维培养与学科内容的关系，本模式的设计力图以课程的既有框架为本，在不对课程做过多改变的前提下有效整合批判性思维；不同于所谓"混合法"在一门课程之外的混合而需要更多课程间进行组合的实际困难，本模式立足于学习活动在课程内部更微观层面的实现整合，受到的外部限制相对较小。

6.2　ITCT 模式的总体有效性

针对子问题二，本书结合一门实际的课程，对 ITCT 模式进行了具体设计实施，并分析与验证了其总体有效性。研究遵循教育设计研究的一般思路，进行了两轮次干预设计和实施改进，综合诸种数据分析发现，案例课程的学生在经过一学期学习后，其批判性思维的综合能力有一定提升，受干预程度更深的 A 组的变化更为明显。由于小班分班是根据学生的时间、学生背景的多样性、助教的时间等因素综合调配的，与思维水平无关，学生们也不知道不同小班课的教学是否受到了专门干预，因此可以排除此结果中的霍桑效应（Hawthorne Effect）。

ITCT 模式的有效性主要体现在三个方面。第一，本模式能够将批判性思维目标、要求与内容等和课程目标与材料有机地结合起来，为学生提供多种形式的学习活动，符合学生的多样化需求与特点，更为学生提供了多种形式的认知经验过程。第二，在本模式干预下，各小班教学不同程度地体现了整合式教学模式所秉持的学习活动设计原则与理念，主要包括营造出鼓励与友善的氛围、为学生创造"强制"性的专门思考与集中讨论的机会、按照批判性思维技能的要求进行学习活动设计与课堂教学等特点。第三，本模式的方法与理念，和案例课程的目标定位及既有的组织形式非常契合、互为促进；依据批判性思维的系统性和设计性的小班研讨能够更好地创设同辈学习的环境，促进学习者多方面的发展。

在课程培养的过程中，教学设计应当重视对学生既有水平的把握。学生们对课程效果的体察受到自身思维水平和学习观念的限制；此外大学生入学后面临的学习和生活等各方面的巨大转变，都可能是容易被忽视的客观条件。ITCT 这一整合式教学模式有待进一步改进和完善，可以考虑加入专门的聚焦于批判性思维技能的活动模块，提高教学者在对话讨论中的引导和示范能力，并在"收敛"式和"发散"式讨论活动的搭配上取得平衡。

6.3 讨论与建议

6.3.1 优化"学"中的教师主导与支持

ITCT 模式是为了回应当前我国大学教育的现实需求而提出的。如前所述，由于当前大规模开设批判性思维专门课程并不可行，又受到多种客观条件支撑不足的限制，因此将批判性思维有效地整合进非专门课程，特别是通识课程的教学中是现实所需。当前学界普遍认为，批判性思维培养应贯穿于大学育人的全过程，不是某一/几门课程就能完全解决的问题（不管是专门的批判性思维课还是与学科内容相结合的系列课）。将批判性思维整合到学生培养计划中的体系化思路得到了越来越多的认同，但这也意味着批判性思维教育要落实在各个具体而细微的教育环节上，微观层面的具体实践是搭建宏观体系不可忽视的基础。本研究提出的 ITCT 模式聚焦的正是其中的课程与教学，并进一步以更加微观的学习活动作为实践的最终落脚点。虽然 ITCT 模式主要面向一般的通识课程，但这样的定位在整合更专业的学科课程中也非常便利，还可以为学科课程中批判性思维教学的整合设计提供参考。在专业课程中应用 ITCT 模式，是未来研究中一个有价值的尝试。

因此，无论是哪一类课程或何种教学情境，ITCT 中的教师毫无疑问是保证批判性思维培养效果的关键因素之一。本研究对课程助教在学习活动上的具体设计做了详细介绍，这是由本课程的特殊组织形式决定的。但实际上，案例课程是 B 教授团队多年探索的结晶，其组织形式和特点非常适合 ITCT 模式的应用，是本研究开展的重要条件。授课教师在课程中发挥了主导作用，助教是授课教师的功能"延伸"。尽管助教在小班课上有很大的灵活性，但在课程目标、总体进度、教学内容、小班讨论的标准等方面都是以授课教师的设计和要求为蓝本，在助教选拔和培训上也有着精心安排。由此，整合式的批判性思维培养不仅包括课程教学设计和实施上的直接作用，还包括对教学者（特别是作为教师作用延伸的小组助教）培训等形式的间接干预。至于需要怎样的教师能力和素质，还有待进一步探讨。

值得注意的是，尽管 ITCT 模式表面上是倡导多数教师已经开始实践的、在课程教学中更多采用师生对话、探究式学习等方法，但很多教师可能仍然不熟悉批判性思维的多层次内涵，也不清楚能够更有效促进批判性思维发展的教学方法、策略及其操作细节，这使教师在实践中可能更多地从自身专业角度出发，在学科课程中尝试培养学生的批判性思维，这种做法还有很大的提升空间。ITCT 模式参考了批判性思维、学习理论和教学设计等理论框架，力图探索一条符合批判性思维"教"与"学"特点的、具有可操作性、能够直接利用课程既有体系的解决思路。如何将 ITCT 模式的要素和原则转化为更加清晰、简洁和可操作性强的方案，如何将其转化为教师培训的内容，有必要进一步探索。

6.3.2 发挥学习者的主体性

ITCT 是针对大学教育的情境而提出的。不过，关于批判性思维分析的理论基础并无年龄或群体上的特殊性，因此该模式是否可用于其他年龄段或学习者群体，还需要从理论上加以更多论证，进而结合具体实践进行实证探索。然而，无论针对何种群体，基于学习视角和学习理论框架提出的 ITCT 模式的基础就在于通过"学习活动链"的教学设计思路，发挥学习者的主体性。

青少年时期是个体发展最为迅速的阶段之一。在此阶段，社会文化因素对个体的影响比婴幼儿时期更为丰富和直接，对系统接受高深知识学习的大学生而言，更是迎来了包括思维在内的各方面发展的巨大挑战。正如访谈呈现的那样，学生们能够体会到从中学到大学的巨大变化以及自己面对这些变化而产生的改变或发展。他们拓宽了对学习本身、其重要性和多元性的理解，自主意识明显增强，但是难免片面和机械地理解了学习的本质，所增强的自主意识是否能产生适宜且恰当的学习动机就成为一个问题。因此，把握这一时期学生的变化特点并以此为基础进行课程设计与教学，对批判性思维培养来说是不容忽视的。

就思维水平而言，大学生处于从"低水平稳定"迈向"高水平整合"的阶段，其间变化激烈，甚至不乏短暂倒退。这种现象体现了辩证唯物主义的发展观，符合个体发展的具体理论，也得到了本研究结果的支持。参考相对性思维理论，大部分大学生可能主要处于第一阶段的第三层次到第二阶段的第五层次之间。第三层次为"多样性思维早期层次"，个体具有答案唯一性的认识，但会发现权威对某些问题可能也不知道答案，很多知识要进一步探索。第四和第五层次属于第二阶段，即相对主义阶段，个体已经意识到知识的不确定性和情境性。在第四层"多样性的高级层次"，个体已经明确答案的不唯一性，开始挑战权威并寻找新的评价标准；在第五层"相对主义层次"，个体已超越"所有观点具有同等价值"的想法，对问题的不同答案寻求根据、进行辨析和解决。这种发展水平类似于反思判断理论中的"准反省"（阶段四、五）和初步的"反省"（阶段六）。这种特点和学生的批判性思维发展水平息息相关，也相互印证。本研究发现，学生们大多对批判性思维有所了解，认同批判性思维的重要性，能够理解批判性思维的部分重要特征，部分还初步具备了一定的批判性思维能力，可以说他们已具备相对主义思维，重视独立思考与质疑。

但是，个体思维发展不应停留于"质疑"，要走向"高水平整合"。批判性思维的目的不是"批判"本身，而是为了"求真"与"解决问题"，个体思维的发展水平还可以提升至"承诺"或"系统反省"。研究发现，大学生还不能全面地认识到"批判性思维"的多义性，对批判性思维的直接理解较为片面，虽然有学生强调逻辑的重要性，也有学生受启发谈到了自我反思，但他们还不能普遍认识到不同要素间的有机联系。对个体而言，只有整合理解不同要素和特征及它们之间的关系，才可能全面把握批判性思维的内涵，从而走出相对主义的局限，对客体和自我都进行系统反省与评价，获得成熟的认知。

因此，致力于发展学习者的批判性思维课程和教学，既要以促进学习者自主性发展为目标，又要立足于学习者当下的自主性特点和思维发展水平。同时，批判性思维的课程和教学应当是整合的，无论是对批判性思维内涵的理解，还是在具体方法的使用上，都应避免偏颇，要在全面性把握的基础上有所侧重。上述这些原则也正是 ITCT 的诉求所在。

6.3.3　对教学实践和管理政策的建议

基于上述结论、讨论和研究展望，本研究针对教学实践和学校管理政策等提出以下几条建议：

第一，批判性思维的整合式教学是可行的，该模式为高校基于既有的课程条件而推进批判性思维培养提供了一种思路。除了开设专门的课程之外，整合到既有的通识课程和学科课程中也是一条可行路径。

第二，本研究所提出的 ITCT 模式对具体教学实践的启示主要在于：（1）课程中应提供多种形式的学习活动，为学习者创造多样化的认知经验；（2）恰当地处理批判性思维发展要求和课程主体内容的关系，精心设计各类学习活动，为学生提供精制化的思考情境；（3）坚持营造出开放式和鼓励性的对话讨论氛围；（4）综合考虑课程目标、大纲安排、具体活动设计等教学的各个环节，以保证批判性思维的有机整合而非机械镶嵌。为此，教学者应不断提升自身的批判性思维能力，全面理解批判性思维的丰富内涵和内在的有机结构，厘清其与载体课程知识能力体系的关系。同时，教学者还要认识到学生间对话的价值与特点，对此加以有效设计与引导。简言之，批判性思维的整合也意味着教学者身份的反思与重构，既包括成为成熟的批判性思维者，也要成为学生学习的促发者。

第三，建议高校加大对教师的引导与培训，包括政策上加大对教师的鼓励、引导与启发；通过工作坊、教师课程、教师指南等方式，丰富教师对批判性思维多元性的理解，推广一些典范的案例和方法，提供技巧和支持；还要引导教师更好地理解学生的发展。高校还应注意在校园中营造鼓励思考、讨论和表达的学习氛围，为培养学生批判性思维创造良好的整体环境。

参考文献

安德森：《学习、教学和评估的分类学》，皮连生译，华东师范大学出版社，2008。

巴拉布：《基于设计的研究——学习科学家的方法论工具集》，载索耶主编《剑桥学习科学手册》，徐晓东等译，教育科学出版社，2010。

博克：《回归大学之道——对美国大学本科教育的反思与展望》，侯定凯、梁爽、陈琼琼译，华东师范大学出版社，2008。

彼得·费希万、诺琳·费希万、爱格尼丝·蒂瓦里等：《作为普遍人类现象的批判性思维——中国和美国的视角》，武宏志译：《北京大学学报》2009年第1期。

布鲁克菲尔德：《批判性思维教与学——帮助学生质疑假设的方法和工具》，纽跃增译，中国人民大学出版社，2017。

蔡曙山：《人类的心智与认知》，人民出版社，2016。

陈桂生：《孔子"启发"艺术与苏格拉底"产婆术"比较》，《华东师范大学学报（教育科学版）》2001年第1期。

陈英和：《认知发展心理学》，北京师范大学出版社，2013。

戴维斯、阿伦德：《高效能教学的七种方法》，陈定刚译，华南理工大学出版社，2014。

邓晓芒：《苏格拉底与孔子的言说方式比较》，《开放时代》2000年第3期。

迪克等：《系统化教学设计》，庞维国译，华东师范大学出版社，2007。

董文：《加州批判性思维特质量表的研制及其在护理领域的应用进展》，《护理学报》，2011 年第 9A 期

董文：《中文版批判性思维能力测量表在广东省专科护士中的修订及运用》，南方医科大学硕士学位论文，2012。

杜威：《我们如何思维》，载杜威《杜威全集·中期著作（第六卷）》，王路、马明辉、周小华译，华东师范大学出版社，2010。

杜威：《民主与教育》，载杜威《杜威全集·中期著作（第九卷）》，俞吾金、孔慧译，华东师范大学出版社，2012。

方克立：《钱学森之问与创新型人才培养》，《天津师范大学学报（社会科学版）》2010 年第 4 期。

冯文全、冯碧瑛：《论孟子对孔子德育思想的传承与弘扬》，《教育研究》2013 年第 1 期。

弗拉维尔、米勒等：《认知发展》，邓赐平、刘明译，华东师范大学出版社，2002。

傅国亮：《"钱学森之问"的启示》，《教育研究》2009 年第 12 期。

高瑛、许莹：《西方批判性思维研究——回顾与反思》，《外语学刊》2014 年第 5 期。

格莱德勒：《学习与教学：从理论到实践（第 5 版）》，张奇等译，中国轻工业出版社，2007。

葛剑雄：《"钱学森之问"不是问大学而是问社会》，《湖北日报》2014 年 1 月 18 日。

龚放：《从思维发展视角求解"钱学森之问"》，《教育研究》2009 年第 12 期。

谷振诣、刘壮虎：《批判性思维教程》，北京大学出版社，2006。

顾明远：《中国教育大百科全书》，上海教育出版社，2013。

郭顺利：《批判性思维与中国传统思想》，《理论界》2012 年第 469 期。

何海程：《新时期工科人才培养研究——以中美机械工程专业为例》，清华大学硕士学位论文，2018。

何克抗、林君芬、张文兰：《教学系统设计》，高等教育出版社，2002。

胡森等：《教育大百科全书》，张斌贤等译，海南出版社，2006。

黄程琰：《大学生批判性思维倾向的量表编制与实测》，西南大学硕士学位论文，2015。

加涅等：《教学设计原理》（第五版），王小明等译，华东师范大学出版社，2007。

焦炜：《我国高等教育通识课程设置与实施的问题及对策》，《当代教育科学》2012 年第 3 期。

姜国钧：《大学课程与教学论》，电子工业出版社，2017。

鞠实儿：《当代中国逻辑学研究》，中国社会科学出版社，2013。

康德：《康德著作全集（第九卷）：逻辑学、自然地理学、教育学》，李秋零编译，中国人民大学出版社，2010。

康德：《纯粹理性批判》，王玖兴译，商务印书馆，2018。

康弗里：《作为方法论的设计研究的发展》，载索耶主编《剑桥学习科学手册》，徐晓东等译，教育科学出版社，2010。

柯南特：《柯南特教育论著选》，陈友松译，人民教育出版社，1988。

李曼丽：《通识教育——一种大学教育观》，清华大学出版社，1999。

李曼丽：《哈佛大学新制通识教育方案及其实施效果辨惑》，《北京大学教育评论》2018 年第 2 期。

李泽厚：《中国古代思想史论》，安徽文艺出版社，1994。

梁林梅：《大学通识课程教学现状调查：教师的角度—以 N 大学为例》，《高教探索》2015 年第 5 期。

林崇德：《教育与心理发展——教育为的是学生发展》，北京师范大学出版社，2013。

刘道玉：《如何破解"钱学森之问"——写在"钱学森之问"提出十周年》，《同舟共进》2015 年第 4 期。

刘晓玲、黎娅玲：《岳麓书院批判性思维培养途径及其现代意义》，

《现代大学教育》2015 年第 3 期。

刘学东、汪霞：《斯坦福大学通识教育课程新思维》，《比较教育研究》2015 年第 1 期。

刘义：《大学生批判性思维研究——概念、历史与实践》，中国社会科学出版社，2014。

陆云、吕林海：《研究型大学本科生通识课程学习投入现状及其对学习结果的影响——基于南京大学的问卷调查》，《教学研究》2015 年第 6 期。

陆一：《从"通识教育在中国"到"中国大学的通识教育"——兼论中国大学专业教育与通识教育多种可能的结合》，《中国大学教学》2016 年第 8 期。

罗清旭、杨鑫辉：《〈加利福尼亚批判性思维倾向问卷〉中文版的初步修订》，《心理发展与教育》2001 年第 3 卷。

罗清旭：《批判性思维理论及其测评技术研究》，南京师范大学博士学位论文，2002。

罗清旭、杨鑫辉：《〈加利福尼亚批判性思维技能测验〉的初步修订》，《心理科学》2002 年第 6 期。

孟卫青、黄崴：《我国大学实施通识教育的制度困境与出路》，《清华大学教育研究》2013 年第 4 期。

潘懋元主编《现代高等教育思想的演变——从 20 世纪到 21 世纪初期》，广东高等教育出版社，2008。

庞海芍：《通识教育课程建设的困境与出路》，《江苏高教》2010 年第 2 期。

彭聃龄：《普通心理学》，北京师范大学出版社，2012。

彭美慈等：《批判性思维能力测量表的信效度测试研究》，《中华护理杂志》2004 年第 9 期。

钱颖一：《解答"钱学森之问"》，《新华日报》2017 年 6 月 8 日。

任钟印主编《西方教育名著通览》，湖北教育出版社，1994。

斯滕伯格、威廉姆斯:《斯滕伯格教育心理学》,姚梅林、张厚粲等译,机械工业出版社,2012。

施林淼:《国内一流大学通识教育课程本土化初期的问题及对策——基于南京大学的个案分析》,《福建师范大学学报》(哲学社会科学版)2016年第5期。

史密斯、雷根:《教学设计》(第三版),庞维国等译,华东师范大学出版社,2008。

单迎杰、傅钢善:《国内外基于设计的研究应用案例述评》,《电化教育研究》2017年第5期。

唐帼丽:《中国高校通识教育应当走本土化发展之路》,《中国大学教学》2016年第8期。

田莉莉:《近十年来国内批判性思维研究及其教学反思》,华东师范大学硕士学位论文,2015。

田社平、王力娟、邱意弘:《问题式教学法对工科大学生批判性思维倾向影响的实证研究》,《高等工程教育研究》2018年第6期。

涂端午、陈学飞:《我国教育政策研究现状分析》,《教育科学》2007年第1期。

万雪梅等:《维汉双语版批判性思维能力测量表的研究》,《菏泽医学专科学校学报》2015年第2期。

王洪才、解德渤:《中国通识教育20年——进展、困境与出路》,《厦门大学学报(哲学社会科学版)2015年第6期。

王建卿、文秋芳:《国外思维能力量具评介及启示——我国外语类大学生思维能力现状研究报告》,《江苏技术师范学院学报》2011年第7期。

王克喜:《从古代汉语透视中国古代的非形式逻辑》,《云南社会科学》2004年第6期。

王琪、眭国荣:《批判性思维在中国传统文化下的双重作用空间》,《文化学刊》2016年第3期。

王其云、祝智庭、顾小清:《教育设计研究——理论与案例》,华东师范大学出版社，2016。

王瑞霞、郭爱萍：《国内近三十年批判性思维研究——现状、思考、展望》，《太原师范学院学报》（社会科学版）2011 年第 5 期。

王文静：《创新的教育研究范式——基于设计的研究》，华东师范大学出版社，2010。

温公颐、崔清田：《中国逻辑史教程》，南开大学出版社，2012。

文秋芳：《论述外语专业研究生高层次思维能力的培养》，《学位与研究生教育》2008 年第 10 期。

文秋芳等：《构建我国外语类大学生思辨能力量具的理论框架》，《外语界》2009 年第 1 期。

文秋芳、赵彩然等：《我国外语类大学生思辨能力客观性量具构建的先导研究》，《外语教学》2010 年第 1 期。

文秋芳、刘艳萍等：《我国外语类大学生思辨能力量具的修订与信效度检验研究》，《外语界》2010 年第 4 期。

文秋芳等：《对我国大学生思辨倾向量具信度的研究》，《外语电化教学》2011 年第 6 期。

武宏志、张志敏、武晓蓓：《批判性思维初探》，中国社会科学出版社，2015。

武宏志：《认识论信念的发展与批判性思维教学》，《延安大学学报》2015 年第 1 期。

乌美娜：《教学设计》，高等教育出版社，1994。

夏欢欢、钟秉林：《大学生批判性思维养成的影响因素及培养策略研究》，《教育研究》2017 年第 5 期。

项贤明：《试解"钱学森之问"——国际比较视角》，《中国教育学刊》2012 年第 6 期。

谢小庆：《审辩式思维》，学林出版社，2016。

熊丙奇：《正视问题、积极应答"钱学森之问"》，《中国高等教育》2010 年第 7 期。

许金红、吴飒：《国内批判性思维的研究述评——兼及与国外相关研究的比较》，《语文学刊（外语教育与教学）》2011 年第 1 期。

薛桂波、闵永军：《通识教育实践的"单向度"困境与"整体性"超越》，《当代教育科学》2016 年第 11 期。

杨东平：《关于"钱学森之问"的遐思》，《大学》（学术版）2010 年第 1 期。

杨开城：《以学习活动为中心的教学设计理论》，电子工业出版社，2005。

杨开城：《教学设计——一种技术学的视角》，电子工业出版社，2010。

杨南昌：《学习科学视域中的设计研究》，教育科学出版社，2010。

伊列雷斯：《我们如何学习：全视角学习理论》，孙玫璐译，教育科学出版社，2014。

殷莉莉：《化学批判性思维测评工具的编制及应用研究》，华东师范大学硕士学位论文，2007。

余胜泉、杨晓娟、何克抗：《基于建构主义的教学设计模式》，《电化教育研究》2000 年第 12 期。

张传燧：《孔子与苏格拉底对话教学法——比较文化视角》，《教师教育研究》2006 年第 6 期。

张俐等：《研究生批判性思维能力评价指标及测评量表的研究》，《中国高等医学教育》2015 年第 3 期。

张会杰、张树永：《哈佛大学通识教育课程体系及其特点》，《高教发展与评估》2013 年第 2 期。

张亮：《我国通识教育改革的成就、困境与出路》，《清华大学教育研究》2014 年第 6 期。

赵继伦：《〈墨辩〉是中国古典的非形式逻辑》，《天津师大学报》1989 年第 6 期。

赵静：《大学生通识教育现状分析及成因研究——基于中山大学案

例的实证研究》，《教育教学论坛》2015 年第 32 期。

郑泉水：《"多维测评"招生——破解钱学森之问的最大挑战》，《中国教育学刊》2018 年第 5 期。

郑旭东、王美倩：《学习科学——百年回顾与前瞻》，《电化教育研究》2017 年第 7 期。

钟玮、王晓阳：《教育学视角下儒家文化与批判性思维关系研究》，《现代教育论坛》2016 年第 1 期。

周建武：《逻辑学导论——推理、论证与批判性思维》，清华大学出版社，2013。

周建新、仲琦帅、卢震：《"985"工程大学人文通识课程类型、教法、及效果探析——以华南理工大学人文通识课程体系为例》，《教育文化论坛》2015 年第 2 期。

周立：《我国传统教学论的几对主要范畴研究》，湖南师范大学硕士学位论文，2011。

周兴国：《"启发式"教学的"中外"与"古今"》，《华东师范大学学报》（教育科学版）2008 年第 2 期。

周云之：《〈墨经〉逻辑是中国古代（传统）形式逻辑的杰出代表——评所谓"论辩逻辑""非形式逻辑"和"前形式逻辑"说》，《孔子研究》1992 年第 2 期。

周琰：《大学生的认识信念》，科学出版社，2015。

朱智贤、林崇德，《思维发展心理学》，北京师范大学出版社，2002。

朱秀丽、沈宁：《WGCTA 和 CCTDI 量表的信度及效度测定》，《护理学杂志》2004 年第 21 期。

祝智庭：《设计研究作为教育技术的创新研究范式》，《电化教育研究》2008 年第 10 期。

Abrami, P. C., Bernard, R. M., Borokhovski, E., et al. 2008. "Instructional Interventions Affecting Critical Thinking Skills and

Dispositions: A Stage 1 Meta-Analysis. " *Review of Educational Research*, 78 (4): 1102-1134.

Allen, M., Berkowitz, S., Hunt, S., et al. 1999. "A Meta-Analysis of the Impact of Forensics and Communication Education on Critical Thinking. " *Communication Education*, 48 (1): 18-30.

Arlin, P. K., 1975. "Cognitive Development in Adulthood: A Fifth Stage?" *Developmental Psychology*, 11 (5): 602-606.

Arlin, P. K., 1990. "Wisdom: The Art of Problem Finding" In *Wisdom: Its Nature, Origins, and Development*, edited by Sternberg, R, J., New York: Cambridge University Press.

Bailin, S., Battersby, M., 2015. "Teaching Critical Thinking as Inquiry. " In *The Palgrave Handbook of Critical Thinking in Higher Education*, edited by Davies, M., Barnett, R., New York.

Barab, S., Squire, K., 2004. "Design-Based Research: Putting a Stake in the Ground. " *The Journal of the Learning Sciences*, 13 (1): 1-14.

Barab, S., 2014. "Design-Based Research: A Methodological Toolkit for Engineering Change. " In *The Cambridge Handbook of Learning Sciences* (*2nd edition*), edited by Sawyer, K., New York: Cambridge University Press.

Barnet, S., Bedau, H., 1993. *Critical Thinking, Reading, and Writing: A Brief Guide to Argument.* Boston: Bedford/St. Martin's Press.

Barnet, S., Bedau, H., 2010. *Critical Thinking, Reading, and Writing: A Brief Guide to Argument* (*7th edition*). Boston: Bedford/St. Martin's Press.

Black, M., 1946. *Critical Thinking: An Introduction to Logic and Scientific Method.* New York: Prentice Hall, inc.

Blackwell, A. H., Manar, E., 2015. "*UXL Encyclopedia of Science* (*3rd edition*) " . [2017-10-20] . http: //go. galegroup. com/ps/i. do? p =

SCIC&u = dclib _ main&v = 2. 1&it = r&id = GALE% 7CENKDZQ347975681&
asid = 1529208000000 ~ d9636b6e

Bondy, K., Koenigseder, L., Ishee, J., et al. 2001. " Psychometric
Properties of the California Critical Thinking Tests. " *Journal of Nursing
Measurement*, 9: 309–328.

Brookfield, S. D., Preskill, S., 2005. *Discussion as a Way of Teaching*:
Tools and Techniques for Democratic Classrooms (2nd edition) . Jossey-Bass.

Brown, A., 1992. " Design Experiments: Theoretical and Methodolo-
gical Challenges in Creating Complex Interventions in Classroom settings. "
The Journal of the Learning Sciences, 2 (2): 141–178.

Caratozzolo, P., Alvarez-Delgado, A., Hosseini, S., 2019.
" Strengthening Critical Thinking in Engineering Students. " *International
Journal on Interactive Design and Manufacturing*, 13: 995–1012.

Coker, P., 2010. "Effects of an Experiential Learning Program on the
Clinical Reasoning and Critical Thinking Skills of Occupational Therapy
Students. " *Journal of Allied Health*, 39 (4): 280–286.

Collins, A., 1992. "Toward a Design Science of Education. " In *New
Direction in Educational Technology*, edited by Scanlon, E., Shea, T, O.,
New York: Spring-Verlag.

Collins, A., Joseph, D., Bielaczyc, K., 2004. " Design Research:
Theoretical and Methodological Issues" . *The Journal of the Learning Sciences*,
13 (1): 15–42.

Cooper, S., Patton, R., 2004. *Writing Logically, Thinking Critically*.
New York: Longman.

Cobb, P., Confrey, J. et al. 2003. "Design Experiments in Educational
Research. " *Educational Researcher*, 32 (1): 9–13.

DeBoer, J. J., 1946. " Teaching Critical Reading. " *The Elementary
English Review*, 23 (6): 251–254.

Delibovi, D., 2015. "Critical Thinking and Character." In *Handbook of Research on Advancing Critical Thinking in Higher Education*, edited by Wisdom, S., Leavitt, L., Hershey, PA.

Dong, Y., 2015. "Critical Thinking Education with Chinese Characteristics." In *The Palgrave Handbook of Critical Thinking in Higher Education*, edited by Davies, M., Barnett, R., New York.

Dressel, P. L., Mayhew, L. B., 1954. General Education: Explorations in evaluation. Washington: American Council on Education.

Dyer, L., 2006. *Critical Thinking for Business Students*, Concord, Ontario: Captus Press.

Ennis, R. H., 1962. "A Concept of Critical Thinking: A Proposed Basis for Research in the Teaching and Evaluation of Critical Thinking Ability." *Harvard Educational Review*, 32: 81-111.

Ennis, R. H., 1964. "A Definition of Critical Thinking." *The Reading Teacher*, 17 (8): 599-612.

Ennis, R. H., 1975. "Children´s Ability to Handle Piaget´s Prepositional Logic: A Conceptual Critique." *Review of Educational Research*, 45: 1-41.

Ennis, R. H., 1985. "A Logical Basis for Measuring Critical Thinking Skills." *Educational Leadership*, 43 (2): 44-48.

Ennis, R. H., 1989. "Critical Thinking and Subject Specificity: Clarification and Needed Research." *Educational Researcher*, 18 (3): 4-10.

Ennis, R. H., 1991. "Critical Thinking: A Streamlined Conception." *Teaching Philosophy*, 14 (1): 5-24.

Ennis, R. H., 2011. "Critical Thinking: Reflection and Perspective Part 1." *Inquiry: Critical Thinking across the Disciplines*, 26 (1): 4-18.

Ennis, R. H., 2013. "Critical Thinking Across the Curriculum: The Wisdom CTAT Program." *Inquiry: Critical Thinking across the Disciplines*, 28

（2）：25-45.

Evans, N., Forney, D., Guido, F., et al. 2010. *Student Development in College*. San Francisco：Jossey-Bass.

Facione, P. A., 1990. " *Critical Thinking*：*A Statement of Expert Consensus for Purposes of Educational Assessment and Instruction*：*Executive Summary 'the Delphi Report'* . " Millbrae, C. A. ：The California Academic Press.

Facione, P. A., 1994. *The California Critical Thinking Skills Test and the National League for Nursing Accreditation Requirement in Critical Thinking*：*A Resource Paper*.

Fisher, J. A., 2001. *Critical Thinking*：*An Introduction*. Cambridge：Cambridge University Press.

Gero, J., 1990. "Design Prototypes：A Knowledge Representation Schema for Design. " *AI Magazine*. 11（4）：26-36.

George, H., 1957. "An Experiment in Developing Critical Thinking in Children. " *Journal of Experimental Education*, 26（2）：125-132.

Gilboy, N., Kane, D., 2004. "Unfolding Case Based Scenarios：A Method of Teaching and Testing the Critical Thinking Skills of Newly Licensed Nurses. " *Journal of Emergency Nursing*, 30（1）：83-85.

Giuseffi, F. G., 2015. "Ancient Thinking and Modern Challenges：Socratic Education in the 21st Century. " In *Handbook of Research on Advancing Critical Thinking in Higher Education*, edited by Wisdom, S., Leavitt, L., Hershey, PA.

Glaser, E. M., 1941. "*An Experiment in the Development of Critical Thinking*. " ［2016 - 08 - 10］ . Columbia University. http：//www. criticalthinking. org/pages/defining-critical-thinking/766

Goodin, H. J., Stein, D., 2008. "The Use of Deliberative Discussion to Enhance the Critical Thinking Abilities of Nursing Students. " *Journal of*

Public Deliberation, 5（1）.

Green, P., 2015. "Teaching Critical Thinking for Lifelong Learning" In *The Palgrave Handbook of Critical Thinking in Higher Education*, edited by Davies, M., Barnett, R., New York.

Guilford, J. P., 1956. "The Structure of Intellect." *Psychological Bulletin*, 53（4）: 267-293.

Hale, E. S., 2008. *Project Demonstrating Excellence: A Critical Analysis of Richard Paul's Substantive Trans-disciplinary Conception of Critical Thinking*. Union Institute & University.

Halpern, D. F., 2001. "Assessing the Effectiveness of Critical Thinking Instruction." *The Journal of General Education*, 50（4）: 270-286.

Halonen, J. S., 1995. "Demystifying Critical Thinking." *Teaching of Psychology*, 22（1）: 75-81.

Hamby, B., 2015. "Willingness to inquiry: The Cardinal Critical Thinking Virtue." In *The Palgrave Handbook of Critical Thinking in Higher Education*, edited by Davies, M., Barnett, R., New York.

Hamouda, A. M. S., Tarlochan, F., 2015. "Engaging Engineering Students in Active Learning and Critical Thinking through Class Debates." *Procedia-Social and Behavioral Sciences*, 191: 990-995.

Hendrickson, N., Amant, K., Hawk, W., et al. 2008. *The Rowman and Littlefield Handbook for Critical Thinking*. Lanham, Maryland: The Rowman and Littlefield Publishing Group, Inc.

Hare, W., 2002. "Critical Thinking as an Aim of Education." In *Aim of Education*, edited by Marples R. New York: Routledge.

Hatcher, D. L., 1999. "Why Critical Thinking Should Be Combined With Written Composition?" *Informal Logic*, 19（2&3）: 171-183.

Hatcher, D. L., 2006. "Stand-Alone Versus Integrated Critical Thinking Courses." *Journal of General Education*, 55（3-4）: 247-272.

Hoaglund, J., 1995. "Ennis on the Concept of Critical Thinking." *Inquiry: Critical Thinking across the Disciplines*, 15 (2): 1-4.

Hwang, S. Y., Yen, M., Lee, B. O., et al. 2010. "A Critical Thinking Disposition Scale for Nurses: Short Form." *Journal Clinical Nursery*, 19 (21-22): 3171-3176.

Jacobs, S. S., 1999. "The Equivalence of Forms A and B of the California Critical Thinking Skills Test." *Measurement and Evaluation in Counseling and Development*, 31 (4): 211-222.

Jarvis, P., 1987. *Adult Learning in Social Context.* New York: Croom Helm.

Jenicek, M., Hitchcock, D. L., 2005. *Evidence-Based Practice: Logic and Critical Thinking in Medicine.* Chicago: AMA Press.

Johnson, R. H., Blair, J. A., 2006. *Logical Self-Defense.* New York: International Debate Education Association.

Kadir, M. A. B., 2007. "Critical Thinking: A Family Resemblance in Conceptions". *Journal of Education and Human Development*, 1 (2): 1-11.

Kitchener, K. S., King, P. M., 1981. "Reflective Judgment: Concepts of Justification and Their Relationship to Age and Education." *Journal of Applied Developmental Psychology*, 2 (2): 89-116.

Kobzeva, N., 2015. "Scrabble as a Tool for Engineering Students' Critical Thinking Skills Development." *Procedia-Social and Behavioral Sciences*, 182: 369-374.

Kolodner, J., 2004. "The Learning Sciences: Past, Present, Future." *Educational Technology*, 5-6: 34-40.

Ku, K., 2009. "Assessing students' Critical Thinking performance: Urging for measurements using multi-response format." *Thinking Skills and Creativity*, 4: 70-76.

Labouve-Vief, G., 1990. "Wisdom as Integrated Thoughts: Historical and Developmental Perspectives" In *Wisdom*: *Its Nature*, *Origins*, *and Development*, edited by Sternberg R J. New York: Cambridge University Press.

Lai, E. R., 2011. *Critical Thinking*: *A Literature Review*. Pearson.

Leppa, C. J., 1997. "Standardized Measures of Critical Thinking: Experience with the California Critical Thinking Tests." *Nurse Education*, 22: 29−33.

Liu, O. L., Frankel, L., Roohr, K. C., 2014. *Assessing Critical Thinking in Higher Education*: *Current State and Directions for Next-Generation Assessment*. ETS Research Report Series.

Long, J., 2015. "Critical Thinking, Socratic Seminars, and the College Classroom." In *Handbook of Research on Advancing Critical Thinking in Higher Education*, edited by Wisdom, S., Leavitt, L., Hershey, PA.

Mager, R. F., 1984. *Preparing Instructional Objectives*. California: David S. Lake Publishers.

McKenney, S., Reeves, T., 2012. *Conducting Educational Design Research*. New York: Routledge.

Merrill, M. D., Drake, L., Lacy, M. J., et al. 1996. "Reclaiming Instructional Design." *Educational Technology*, 36: 5−7.

Moon, J. A., 2008. *Critical Thinking*: *An Exploration of Theory and Practice*. London: Routledge.

Moore, B. N., Parker, R., 2008. *Critical Thinking* (*9th edition*). New York: McGraw-Hill Higher Education.

Moses, L. J., Baird, J. A., 1999. "Metacognition" In *The MIT Encyclopedia of the Cognitive Sciences*, edited by Wilson, R A, Keil F C. Cambridge, MA: MIT Press.

Niu, L., Behar-Horenstein, L. S., Garvan, C. W., 2013. "Do Instructional Interventions Influence College Students' Critical Thinking

Skills? A Meta-Analysis. " *Educational Research Review*, 9: 114-128.

Norman, G. R., Schmidt, H. G., 2000. "Effectiveness of Problem Based Learning Curricula: Theory, Practice and Paper Darts. " *Medical Education*, 34: 721-728.

Novak, J. D., 1990. "Concept mapping: A Useful Tool for Science Education. " *Journal of Research in Science Teaching*, 27: 937-949.

OECD. 2012. *Education at a Glance* 2012: *OECD Indicators*. Paris: OECD Publishing. http: //www. oecd. org/edu/EAG% 202012 _ e-book _ EN _200912. pdf

Palmer, O. E., Diederich, P. B., 1955. *Critical Thinking in Reading and Writing*. New York: Holt.

Pascarella, E. T., Patrick, T. T., 1991. *How College Affects Students: Findings and Insights from Twenty Years of Research*. San Francisco, C. A. : Jossey Bass.

Paul, R., 1989. "Critical Thinking in North America: A New of Knowledge, Learning and Literacy. " *Argumentation*, 3 (2): 197-235.

Paul, R., Elder, L., Bartell, T., 1997. *A Brief History of the Idea of Critical Thinking*. [2016-09-20] . http: //www. criticalthinking. org/pages/ a-brief-history-of-the-idea-of-critical-thinking/408.

Paul, R., 1997. *The Critical Thinking Movement*: 1970-1997. [2016- 09 - 20] . http: //www. criticalthinking. org/pages/critical-thinking-movement- 3-waves/856

Paul, R., Elder, L., 1999. "Critical Thinking: Teaching Student to Seek the Logic of Things. " *Journal of Developmental Education*, 23 (2): 34-35.

Paul, R., Elder, L., 2007. "Critical Thinking: The Art of Socratic Questioning. " *Journal of Developmental Education*, 31 (3): 34-35.

Paul, R., 2012. "Reflection on the Nature of Critical Thinking, its

History, Politics, and Barriers, and on its Status across the College/ University Curriculum Part 2. " *Inquiry: Critical Thinking across the Disciplines*, 27 (1): 5-30.

Paul, R., Elder L., 2014. *Critical Thinking: Tools for Taking Charge of Your Professional and Personal Life.* New Jersey: Pearson Education, Inc.

Phillips, F., Mackintosh, B., 2011. "Wiki art gallery Inc. : A Case for Critical Thinking. " *Issues in Accounting Education*, 26 (3): 593-608.

Resnick, L. B., 1987. "Learning in school and out. " *Educational Researcher*, 16 (9): 13-20.

Russell, D. H., 1956. *Children's Thinking.* Boston: Ginn and Company.

Russell, D. H., 1960. "Higher Mental Processes. " In *Encyclopedia of Educational Research* (*3rd edition*), edited by Harris, C. W., New York: MacMillan Company.

Russell, D. H., 1965. "Research on the Processes of Thinking with Some Applications to Reading" In *Language and the Higher Thought Processes*, edited by Stauffer, R. G., Champaign, Illinois: National Council of Teachers of English.

Salmon, M. H., 1995. *Introduction to Logic and Critical Thinking.* Orlando: Harcourt Brace College Publishers.

Schmidt, H. G., 1983. "Problem Based Learning: Rationale and Description. " *Medical Education*, 17: 11-16.

Siegel, H., 1988. *Educating Reason: Rationality, Critical Thinking, and Education.* New York: Routledge.

Smith, B. O., 1953. "The Improvement of Critical Thinking. " *Progressive Education*, 30: 129-134.

Sobocan, J., Groarke, L., 2009. *Critical Thinking Education and Assessment: Can Higher Order Thinking be Tested?* London: Althouse Press.

Stoker, G., John, P., 2009. "Design Experiments: Engaging Policy

Makers in the Search for Evidence about What Works. " *Political Studies*, 57 (2): 356–373.

Streib, J. T., 1992. *History and Analysis of Critical Thinking*. The University of Memphis.

Thomas, K., Lok, B., 2015. " Teaching Critical Thinking: An Operational Framework. " In *The Palgrave Handbook of Critical Thinking in Higher Education*, edited by Davies, M., Barnett, R., New York.

UNESCO. 2015. *Education 2030 Framework for Action*. [2016–01–01] http://www. unesco. org/new/fileadmin/MULTIMEDIA/HQ/ED/ED_new/pdf/FFA-ENG-27Oct15. pdf

Wang, F., Hannafin, M., 2005. " Design-Based Research and Technology-Enhanced Learning Environments. " *Educational Technology Research & Development*, 53 (4): 5–23.

Wenger, E., 1998. *Communication of Practice: Learning, Meaning and Identity*. Cambridge MA: Cambridge University Press.

Wilson, B., 1997. "Reflections on Constructivism and Instructional Design. " In *Instructional Development Paradigms*, edited by Dills, C. R., Romiszowski, A. A., New Jersey: Educational Technology Publications.

Woods, J., Irvine, A. D., Walton, D. N., 2004. *Argument: Critical Thinking, Logic and the Fallacies (2nd edition)*. Toronto: Prentice Hall.

Yang, Y. C., Newby, T., Bill, R., 2008. "Facilitating Interactions through Structured Web-Based Bulletin Boards: A Quasi-Experimental Study on Promoting Learners' Critical Thinking Skills. " *Computers & Education*, 50: 1572–1585.

Yeh, M-L., 2002. "Assessing the Reliability and Validity of the Chinese Version of the California Critical Thinking Disposition Inventory. " *International Journal of Nursing Studies*, 39 (2): 123–132.

后 记

衷心感谢导师李曼丽教授对我的悉心指导。无论是在学习与研究过程中,还是在工作与日常生活中,老师的教诲都让我受益匪浅,老师的关怀都让我铭记于心。经师易遇、人师难求,除了感恩,唯有不断的砥砺自勉、勤奋耕耘。

在清华大学教育研究院学习期间,承蒙各位老师在课堂内外的指导、关心与帮助,我不胜感激。

特别感谢清华大学的白峰杉教授和吴艳菊老师,正是你们的支持和鼓励,才使得这一研究得以开展。很多同学以不同的角色参与了此项研究,在此一并致谢。

衷心感谢王孙禹教授关于此套丛书的建议。感谢中国工程院咨询研究项目"我国工程科技人才通识教育发展战略研究"(2018-XY-48)课题的经费支持,才能使拙作得以出版。

最后,深深地感谢最爱的亲人,无论是远在故乡还是陪伴在身旁,有了你们的鼓励、支持和理解,才让我这些年有可能尝试不同的选择、探索并完成博士学习。

附录 A 相关量表

批判性思维能力测量表（CTDI-CV）部分题目

请根据以下每句话您同意的程度或与您符合的程度，在对应处勾选。

1. 无论什么样的话题，我都渴望知道更多与之相关的内容。
2. 对众人都认为理所当然的事情，我不会怀疑。
3. 我会装作有比自己实际程度更高的逻辑性。
4. 处理复杂问题时，我感到惊惶失措。
5. 对于很多问题来说，我会害怕寻找事实真相。
6. 我喜欢探求事物是如何运作的。
7. 验证真理的唯一标准是个人经验。
8. 我很满意自己能够了解他人的观点。
9. 别人欣赏我的好奇心和求知欲。
10. 我很满意自己能想出富有创意的不同选择。
11. 向别人问取答案是解决难题的最好方法。

中国大学生认识信念量表部分题目

请根据以下每句话您同意的程度或与您符合的程度，在对应处勾选。

1. 现在所学到的知识会因为时间或其他原因而需要再调整。

2. 学习上有多少收获取决于自己的主动性。

3. 获得知识关键要靠自己琢磨和领悟。

4. 对于不能很快理解的知识，以后可能也理解不透。

5. 知识与现实世界有密切联系。

6. 学习经常会使我感到烦恼。

7. 我乐于钻研自己不太明白的东西。

8. 学习时要将新学的知识和已有的知识结合起来。

9. 大部分知识之间都存在着广泛的联系。

10. 学习的潜力是与生俱来的。

附录 B 作文评分标准和要求

对所读文本的把握	观点鲜明见解独到	论证严密证据充分	结构	引文规范	文笔
5 体现出作者仔细认真地阅读了文本，对所读材料有全面、深入的把握和理解。	5 观点鲜明、有一定创新；能够基于文本明确地提出自己的见解。	6 对自己的观点论证严密、符合逻辑，有充分、大量、来源明确的证据支撑。	3 结构完整、清晰、合理。	3 能够完整地标注参考文献的信息，引用符合规范。	3 文笔佳，语言流畅优美，几乎无错别字或语病。
4 体现出作者认真阅读了文本，对所读材料有较全面或深入的理解。	4 观点明确，能基于文本较为清晰地提出自己的见解。	5 对自己的观点论证较为严密、符合逻辑，有较多来源明确的证据支撑。	2 结构较为完整、清晰。	2 能够注明参考文献及其相关信息，引用较规范。	2 语言流畅，较少有错别字或语病。
3 体现出作者较为认真地阅读了文本，对所读材料有一定理解。	3 观点较明确，能够较清晰地提出自己的见解。	4 能够在一定程度上进行符合逻辑的论证，有较多的证据支撑。	1 结构不够完整或清晰。	1 没有完整注明参考文献，引用不太符合规范。	1 文句基本通顺，有一些错别字或语病。
2 体现出作者阅读了文本，但很有可能只是草草阅读。	2 观点较为模糊。	3 支撑证据较少，但能在一定程度上进行符合逻辑的论证。			
1 体现出作者只是草草浏览文本或随意摘录。	1 观点模糊。	2 缺乏符合逻辑的分析，但有一定的证据材料。			

续表

对所读文本的把握	观点鲜明见解独到	论证严密证据充分	结构	引文规范	文笔
		1 缺乏分析，多为文字堆砌或凭空想象。			
0 无法体现出作者阅读了文本，抄袭。	0 抄袭。	0 抄袭。	0 抄袭。	0 没有对文献来源进行标注，或有明显抄袭现象。	0 语言不通顺，有大量错别字或语病，或有明显的抄袭现象。

作业要求

读后感要求

围绕阅读《教育的目的》第 2 章和第 3 章的心得、体会或看法，撰写一篇 800 字左右的读后感。

要求：

（1）提出明确的观点；

（2）能够结合该书内容对自己的观点进行分析论证；

（3）引用他人观点或其他资料时注明出处来源。

书评要求

围绕本小班所选的必读书籍，撰写一篇 1500 字左右的"书评"。对文章的具体要求为：

1）能够提出鲜明的观点，明确地表达出对该书或对相关议题的看法；

2）能够结合阅读书目内容以及相关资料，对文章观点加以严谨论证；

3）结构完整，文字流畅；

4）引用他人观点或资料时注明出处来源。

附录 C　访谈工具

半结构访谈提纲（助教）

1、对课程总体设计的评价；

2、带小班课的体会；

3、助教培训、小组交流和教学设计指南的收获与建议；

4、关于批判性思维教学的理解。

半结构访谈提纲（学生）

1、从这门课程中的收获？

- 为什么选此课程？对课程目标的理解或期待是什么？是否达到？

- 思维上是否有成长？

- 大学精神认识的变化以及是否影响了大学中的行动。

2、哪些课程环节印象深刻？（包括积极的或者消极的）

3、自己上大学以来的成长/印象/体验。

4、对"学习"的认识是否有转变？

5、对课程的建议是什么？

6、对测试结果的感受以及自己填答测试结果的感受

7、对批判性思维的理解以及大学或课程对自己是否有帮助，如何更好？

研究说明

亲爱的受访者：

您好！

本研究旨在了解本科生对大学学习的感受和体验。具体来说，包括本科生参与课程学习的收获和评价，对大学学习和个人发展的体会等问题。

本研究将通过半结构访谈，向大学教师和学生收集相关资料，恳请您的参与，希望得到您的帮助。研究者尊重您的参与意愿。您任何时候若想中止访谈，都可以向研究者提出。

研究者向您承诺，所有的访谈数据都将通过转录和编码为学术研究所用。对任何参与研究的个人或组织信息进行保密，绝不公开。任何个人表述都将匿名化处理。所有数据都会妥善保存，于 5 年后销毁。相关资料分析将以研究论文的形式呈现。

如果您愿意参与本研究或有相关问题咨询，请联系研究者。

感谢您的大力支持！

研究者姓名

电子邮件

联系电话

知情同意书

1. 研究者向我清楚地解释了该研究的目的和意图。
2. 我已阅读研究说明，并愿意接受访谈。
3. 我已了解到我的隐私将受到保护。
4. 我已了解到访谈将被录音。
5. 我知道我的参与属于自愿行为，我可以随时中止参与该研究。
6. 我可以通过以下方式联系到研究者本人。
· 研究者
· 电子邮件
· 联系电话

受访人签名：

日 期：

附录 D 小班课程学习活动汇总表示例

序号	编号	小班	周次	活动	类型
1	A1W05a1	A1	05	互相介绍和破冰游戏。	游戏
2	A1W05a2	A1	05	破冰游戏（基于逻辑发言）。	游戏
8	A1W07a3	A1	07	评论书籍，引导同学撰写读书报告时立论。	讲授
9	A1W08a1	A1	08	助教简要介绍东西方各自的文化背景。	讲授
22	A1W14a1	A1	14	同理心；分享故事，基于情境的思考和讨论。	讨论
32	A2W07a1	A2	07	读书分享（针对上节题目轮流上台分享）。	展示
37	A2W09a1	A2	09	读书分享（针对助教之前提出的引导问题）。	展示
38	A2W09a2	A2	09	围绕分享中的问题集体讨论，助教点评。	讨论
40	A2W10a1	A2	10	"天马行空"分两组对"大学"进行联想。	讨论
47	A2W16a1	A2	16	天使游戏：观察他人。	游戏
51	A3W06a1	A3	06	以"你眼中的大学"为题小演讲，同学点评。	展示
54	A3W08a1	A3	08	游戏"你说我画"，强调沟通的重要性。	游戏
60	A3W11a1	A3	11	基于教育现象的资料，分3个讨论主题。	讨论
66	A3W15a1	A3	15	小组易拉宝班内展示，建议，引导观影。	讲授
67	A3W16a1	A3	16	大学体验回顾，个人收获总结，建议。	讨论
73	A4W06a3	A4	06	我是设计师：引导认识教育和自我的关系。	游戏
77	A4W08a1	A4	08	旅行的意义：角色扮演，情境式读说体验。	讨论
84	A4W11a2	A4	11	圆桌会议"生命教育象限图"。	讨论
90	A4W15a1	A4	15	记忆群像大乱炖，游戏"演员的诞生"。	游戏
92	A4W15a3	A4	15	关于性别平等议题的讨论。	讨论
100	A5W06a2	A5	06	小组讨论：探讨大家对大学生活的理解。	讨论
107	A5W08a2	A5	08	会读《新亚书院学规》。	讨论

序号	编号	小班	周次	活动	类型
115	A5W11a2	A5	11	论正义学习与模拟讨论。	讨论
119	A5W13a3	A5	13	媒体报道真实性：多角度看待现象与世界。	讲授
125	A5W15a3	A5	15	情境扮演，学生以不同角色讨论教育公平。	讨论
134	A6W07a1	A6	07	暖场游戏—你说我画，沟通。	游戏
135	A6W07a2	A6	07	"一位新法官"，学会提问及其两种思维风格。	讲授
136	A6W07a3	A6	07	提出正确的问题。	讲授
137	A6W07a4	A6	07	如何提出正确的问题。	讲授
138	A6W07a5	A6	07	练习。	讨论
162	B1W07a1	B1	07	热身游戏。	游戏
163	B1W07a2	B1	07	分享《教育的目的》读书心得。	展示
164	B1W07a3	B1	07	根据每个同学的观点，展开进一步讨论。	讨论
165	B1W07a4	B1	07	理性讨论，总结认识。	讨论
166	B1W07a5	B1	07	回顾和布置下周任务。	讲授
186	B2W06a2	B2	06	MOOC 前四讲分享。	讨论
188	B2W06a4	B2	06	介绍读书方法，概览《失去灵魂的卓越》。	讲授
192	B2W07a4	B2	07	介绍"症候式阅读"和《失去灵魂的卓越》。	讲授
201	B2W10a2	B2	10	《失去灵魂的卓越》读书报告初稿互评。	讨论
209	B2W12a3	B2	12	《失去灵魂的卓越》修改稿互评。	讨论
223	B3W05a3	B3	05	文献检索讲解。	讲授
229	B3W07a1	B3	07	以书店老板的角色推荐《教育的目的》。	游戏
233	B3W08a2	B3	08	"中西文化背景"分组讨论。	讨论
240	B3W14a2	B3	14	讨论大学精神是什么（关键词讨论法）。	讨论
241	B3W14a3	B3	14	讨论大学精神的来源。	讨论
247	B4W05a4	B4	05	"专注练习"（video）+讨论。	讨论
255	B4W07a2	B4	07	讨论"面向未来的能力培养"。	讨论
259	B4W08a2	B4	08	中西方文化背景独特性的思维导图。	其他
262	B4W09a1	B4	09	《人生十论》导读。	讲授
263	B4W09a2	B4	09	个人读书报告分享（轮流上台分享）。	展示
284	B5W06a2	B5	06	确认阅读书目：从反向确认（推荐一本书）。	讨论

续表

序号	编号	小班	周次	活动	类型
285	B5W07a1	B5	07	《教育的目的》读书分享，演讲锻炼。	展示
289	B5W10a1	B5	10	讨论教育现象，个人准备发言。	展示
290	B5W11a1	B5	11	自选图书阅读分享。	讨论
291	B5W14a1	B5	14	小组展示讨论。	展示
294	B6W05a3	B6	05	图书推荐会。	展示
301	B6W07a2	B6	07	关于"其他思想家对于教育观的看法"。	讲授
310	B6W09a2	B6	09	案例讨论（运用论自由）。	讨论
315	B6W11a1	B6	11	诗歌朗诵。	其他
316	B6W11a2	B6	11	讨论：个性与习俗的关系、创新等。	讨论

附录 E 课程设计与助教指导手册（节选）

第1部分 批判性思维简介（期初培训用）

近年来，全球教育界对批判性思维的关注日益提升。联合国教科文组织 2015 年发布的《教育 2030 行动框架》指出：确保每个人都能获得坚实的知识基础，发展出创造性、批判性的思维和协作能力，培养好奇心、勇气和毅力。将批判性思维作为重要的教育目标，在很大程度上成为了全球共识。

对于我国高等教育而言，无论是在理论还是实践上，批判性思维以及与其内涵相关的一些概念也是一种常见的教育理念和教学目标，本"大学"课程的课程大纲中也列有相应的目标。为了使批判性思维能够更好地整合本课程，特编写此文，向各位（尤其是对 CT 较为生疏的助教）简要介绍 CT 的内涵和常见的教学方法，以便近期研讨，并在本学期课程中对 CT 加以进一步落实。

1、什么是批判性思维？

首先，请想一想你对批判性思维的理解。你认为批判性思维指的是什么？方便的话，请你列出几个关键词。

接下来，请阅读以下的一些定义。它们是诸多对 CT 定义中影响较大的几种。请思考这些定义之间的异同，并和你刚才的理解加以对照。

20 世纪，杜威的理论常被视为现代对 CT 概念的专门研究起点……

他认为，反省思维是对任何信念或知识的可能形式，根据其支持的理由以及它所指向的进一步结论，予以能动、持续和细致的思考……包括自觉自愿地尽力在证据和合理性的坚固基础上确立信念。（《我们如何思维》）

……（此处省略）

美国大学与学院联合会（AAC&U）的 CLA 项目列出了以下一些技能，作为对大学生批判性思维内涵的理解，即学生是否善于：（此处省略）

请结合你自身对批判性思维的理解和对大学特别是大学一年级经历的思考，你认为"大学精神源流"这门课程应涉及哪些和批判性思维有关的具体教学目标？

2、批判性思维的主要教学方式

本部分将简要介绍目前一些常见的、比较系统的批判性思维教学方法和教学模式。请回忆你自己的学习或工作经历，是否了解或接触过相关方法？

1）专门的批判性思维课

在很多大学（尤其是北美地区）中都能够看到直接冠以"批判性思维"或类似名称的课程。这类课程的内容近似于逻辑课（如普通逻辑、逻辑学入门等），更多的则以"论证逻辑"为主要知识体系。通过对数种典型教科书的分析，可将此类课程的知识体系初步综合如下：（略）

你可以参考阅读电子文件包中的材料，编号为：（略）

2）批判性思维阅读/写作

把一般逻辑技能教学与提供其他一般学术技能（如口头或书面交流技能）的课程整合起来，常见的如批判性阅读和批判性写作。实际上，这类课程可以说是第一种的变体。以 Sylvan Barnet 和 Hugo Bedau 所编的 Critical Thinking, Reading, and Writing: A Brief Guide to Argument 一书的结构为例（略）。

大量写作课程也定位为"批判性阅读"和"批判性写作",如普林斯顿大学的写作课在内容安排上就体现出了培养 CT 的理念,又如贝克大学的通识教育将批判性思维课程和写作课程融为一体(Hatcher,1999),在一年级上学期设有"批判性思维和有效写作"课程,内容包括(略)。

特别需要注意的是,上述两类课程中常常使用"图解法"来进行论证结构的分析,常见的如 B-F 模型和图尔敏(Toulmin)模型。

你可以参考阅读电子文件包中的材料,编号为(略)

3)基于苏格拉底诘问的对话法(Paul)

Paul 等人遵循苏格拉底诘问法的原则……的批判性思维。

Paul 等人将批判性思维中的推理过程划分为 8 个思维要素和若干标准(略)。

关于本教学方法更详细的信息,请阅读附件的 3 篇文献,编号为(略)。

4)讨论法(Brookfield)

Brookfield(2005,2012)认为,讨论是培养学生批判性思维的一种有效办法。他提出了若干种组织小组讨论的方法可资参考(略)。请思考在这些方法中教师需要承担哪些职责,这些方法应用到东方文化中有什么问题?

5)批判性思维的教学策略(Ennis)

恩尼斯认为,在教学实践中,批判性思维的教学是具体情境的制约结果,因此并不存在一个适合所有教学情境的同一配方。根据多年的教学和研究经验,他提出了一套教学策略的指南,包括 21 种教学策略。(略)

根据之前请你思考的本课程应涉及哪些批判性思维的教学目标,结合本部分简要介绍的若干常见教学方法,你认为本学期的小班讨论课如何设计能够更好地促进学生批判性思维的发展?或者对上述不同的教学方法,你更愿意借鉴或参考哪一种以加强自己的课程设计和教学?

如果你是老助教，可以想一想之前有哪些实施过、听说过的做法可以继续延续或加以改进？

如果你是新助教，可以根据自己已有的教学或学习经验，想想什么方法可能更适合自己使用？

第 2 部分　教学设计指南（过程培训）

"大学精神之源流" 小班讨论课程学习活动设计参考资料 1

1　第 5 周课程的主要目标

1.1　基本目标

1.1.1　互相认识；

1.1.2　初步建立良好的课程氛围；

1.1.3　帮助学生理解本课程的定位和要求；

1.1.4　提升学生学习本课程的兴趣。

1.2　进阶目标

1.2.1　初识讨论和讨论技巧；

1.2.2　初识批判性思维：不一定要知道这个概念，需要理解其重要性，产生兴趣；

1.2.3　带班助教自定义。

2　过往案例（略）

更多破冰游戏具体还可参考：（略）

案例 A-G（略）

"大学精神之源流" 小班讨论课程学习活动设计参考资料 2

1　第 6~8 周课程的主要目标和内容

1.1　三周安排的主要内容

1.1.1　第 6 周："大学初体验"；

1.1.2　第 7 周：《教育的目的》讨论；

1.1.3 第8周：中西方文化背景。

1.2 主要目标

1.2.1 加深学习者对大学发展脉络和文化背景的思考和理解；

1.2.2 启发学习者对"大学精神"、教育的价值等核心问题的思考；

1.2.3 通过组织讨论，向学习者示范如何提问，体验学术性讨论；

1.2.4 引导学习者学习分析、评价和建构论证。（详见本文第四部分）

1.3 可选/进阶目标

1.3.1 帮助学习者理解学术性写作的基本要求；

1.3.2 帮助学习者理解正式口头表达的基本要求；

1.3.3 论证及论证分析的基本概念和基本方法（如图解法）。

1.4 带班助教自定义；

2 建议在课程设计和实施中考虑的几个问题

2.1 精心设计具体的讨论题目

2.1.1 讨论题目的适度聚焦（避免过于宽泛或过于具体）

2.1.2 讨论问题如何推进？（主要问题是否需要/能够拆分为具体的、有层次的几个小问题——例如从事实确认、概念澄清到关系，又如正反合等）

2.1.3 全学期小班课程讨论题目的整体性：每次活动安排和讨论问题如何指向全学期课程的主题（你的"主线"/"关键词"是什么？）

2.1.4 讨论题目如何回应：1）阅读材料；2）MOOC；3）大课内容；4）助教提供的其他辅助视听/阅读材料等；

2.1.5 是否可以提供一些关于作者、阅读材料成书背景的资料？以何种方式提供？（直接提供；MOOC上有一些视频；布置成任务？）

2.2 讨论的形式和组织

2.2.1 常见的讨论形式如：1）非小组讨论-汇报-点评；2）个人轮流发言-提问和点评等；3）自由发言；

2.2.2　请勿局限于 2.2.1 提到的常见讨论形式（更多的组织形式参考本文后列资料和以往所提供的小组组织资料）；

2.2.3　请在讨论中鼓励学习者互相提问，并示范怎样提问、可以提什么样的问题；

2.2.4　在讨论中，适时地给予发言人（的发言）以反馈，包括内容和形式；向其他学习者示范如何"评论"他人的意见，体会如何进行更好的发言；可以在学习者比较信任的情况下，邀请学习者对他人发言进行反馈以作为练习，并给予参与者认真倾听的压力。

2.3　课程安排

2.3.1　每次课的"引入"阶段可采取多种方式（不局限）

2.3.1.1　对上一次内容的简短回顾（建议每次考虑有）；

2.3.1.2　对大课或 MOOC 的回应；

2.3.1.3　热身小游戏或简短的视频。

2.3.2　有以往助教的经验（案例一）

3　整理 2016 年秋以来助教工作总结的案例（共 6 个案例，略）。

4　关于"批判性思维"整合的设计（第 5-8 周）

4.1　目标

4.1.1　引导学生对检视思维的兴趣；

4.1.2　引导学生理解问题往往没有明确答案或唯一解决办法，人们对看上去相同或类似的事物往往有非常不同、甚至截然相反的看法；

4.1.3　引导学生认识到：面对不同看法，我们很多时候必须要探询这些不同的原因和影响是什么，如何处理这些差异（注：当然不是所有的时候都需要这样，第 5-8 周暂时不需要强调这一点）。

4.1.4　引导学生了解批判性思维的重要原则

4.1.5　初步掌握"论证"的相关知识

4.1.5.1　什么是论证；

4.1.5.2　能够意识到要区分事实与观点；

4.1.5.3　要区分理性的断言和情感的断言；

4.1.5.4　尝试判断信息是否恰当；

4.1.5.5　初步分析论证。

4.2　说明（略）

4.3　参考活动 5 个（略）

5 "批判性思维"参考资料说明（略）

"大学精神之源流"小班讨论课程学习活动设计参考资料 3

1　期末展示安排

2　关于思维培养和练习

关于批判性思维有方法上的"干货"，原则上理解起来不难，但需要通过阅读、写作和对自己或别人观点的评价加以不断练习才能提高，建议各位如果有时间，可以进行学习参考并整合到课程活动中。之前对相关资料进行过梳理，这里做一点补充，并聚焦为 4 个主题（可择其一重点理解和运用）：

1) 论证分析基础理论和方法《逻辑学是什么》P216-227；《逻辑学导论》P6-48 页；

2) 论证分析的图尔敏模型；（略）

3) 修辞和谬误；（略）

4) 从议题、探究到进行论证和说服。（略）

第 3 部分　助教小班讨论课设计的中期反思

1. 您希望学生们通过自己的小班课能够在哪些方面有所成长或收获。（请写出最主要的几个要点，每个要点可以是一个关键词、短语或一句话，不用展开描述）

2. 您觉得自己的小班讨论课程中的哪些活动或环节或怎样的设计较好地体现了上述核心目标。（可简要列出某周的某个活动的主要内容，或者某一类活动，或者某种设计思路等）

3. 可否举出至少一个您觉得实际做得最好的具体案例？（可直接说清是哪一周哪一个活动以及为什么觉得最好）

4. 在后半学期小班讨论课程中，您是否打算做出一些改进？如有，请简要列出。

图书在版编目（CIP）数据

整合式批判性思维教学模式的探索：一项基于大学
工科生通识教育的研究 / 黄振中著. -- 北京：社会科
学文献出版社，2021.9
（清华工程教育）
ISBN 978-7-5201-8389-5

Ⅰ.①整…　Ⅱ.①黄…　Ⅲ.①高等教育-工科（教育
）-教学模式-研究　Ⅳ.①G649.21

中国版本图书馆 CIP 数据核字（2021）第 089765 号

· 清华工程教育 ·

整合式批判性思维教学模式的探索
——一项基于大学工科生通识教育的研究

著　　者 / 黄振中

出 版 人 / 王利民
责任编辑 / 范　迎
责任印制 / 王京美

出　　版 / 社会科学文献出版社 · 人文分社（010）59367215
　　　　　　地址：北京市北三环中路甲 29 号院华龙大厦　邮编：100029
　　　　　　网址：www.ssap.com.cn
发　　行 / 市场营销中心（010）59367081　59367083
印　　装 / 三河市尚艺印装有限公司

规　　格 / 开　本：787mm×1092mm　1/16
　　　　　　印　张：13.25　字　数：192 千字
版　　次 / 2021 年 9 月第 1 版　2021 年 9 月第 1 次印刷
书　　号 / ISBN 978-7-5201-8389-5
定　　价 / 108.00 元